성경인생

앞서 가시며
인도하시는 하나님

프롤로그

한 점 섬 울릉도와 같은 이곳에 떨어져 학문을 하는 것이 고루하고 좁아서 책을 낼 생각은 해본 적이 없습니다. 좋은 글을 쓰는 분들도 많고, 좋은 설교집을 내는 분들도 많아 저까지 글을 써서 활자를 박아 책을 낼 생각은 아예 접고 있었습니다. 아직도 학문하는 것이 그저 읽고 쓰고 묻고 답하는 정도의 기문지학(記問之學)인지라 송구하기 그지없습니다. 그러나 코로나19 가운데에서도 하나님께서 앞서 가시며 저와 우리 교우들과 새생명한인교회를 인도하신 것을 꼭 기록에 남기고 싶어 용기를 내었습니다.

이 책은 간증문이요, 설교문입니다. 고치고 첨삭하는데 시간이 좀 걸려서 그렇지 줄거리는 이틀 만에 섰습니다. 설교문은 코로나19 가운데 한 설교입니다.

이 책을 읽으시고 성경쓰기로 코로나19를, 아니 고단한 인생을 이기는 분들이 많이 나왔으면 하는 바람입니다. 성경을 쓰며 성경인생, 말씀인생, 예수인생을 사시길 소원합니다. 더 큰 바람은 이 시대의 가장 큰 가르침을 성경을 읽고 쓰고 배우고 그 말씀을 따라 사는 나의 겨레 한국인들이 많이 나왔으면 하는 것입니다. 성경 대한민국을 소원합니다. 이것이 또한 열국으로 전파되길 소원합니다.

성경을 쓰면서 주님과 교제하게 됩니다. 나는 특별한 사람이 아닙니다. 그러나 특별하신 하나님의 말씀이 나를 격려합니다. 응원합니다. 죄를 깨닫게 합니다. 세워줍니다. 인도하여주십니다. 돌보아주는 것입니다. 존귀하신 주님 때문에 내가 귀하게 되는 것입니다. 하나님 덕택으로 내가 살게 되는 것입니다. 크신 하나님 덕택에 좁은 나의 마음을 넓힐 수 있습니다. 마음이 맑아집니다. 밝아집니다. 보배로우신 성령님 때문에 나의 심령에 기름부음이 있는 것입니다.

이 책을 사랑하는 아내 현인과 딸 예샘, 아들 다울에게 바칩니다. 추천의 글을 마다하지 않고 써준 신학대학원 동기 목사님들과 함께 자란 화성교회 친구들에게 감사드립니다. 그대들은 나 아닌 나입니다. 코로나19 병고 중에 회복을 위해 염려하고 기도해주신 규은 누나, 연숙 고모와 조카 주혜를 비롯하여 한국의 모든 가족들에게 감사드립니다. 그대들은 나의 피붙이입니다. 그리고 무엇보다도 함께 성경을 읽고 쓰고 공부하며, 성경인생을 살려고 애쓰는 새생명한인교회 성도 한 분 한 분에게 감사드립니다. 여러분이 없었다면 이 글도 없습니다. 여러분은 나의 믿음이요 소망이요 사랑입니다. 감사합니다. 사랑합니다. 샬롬 샬롬!!

2021년 5월 정성환 목사

축하, 추천의 글

신앙의 동지요 어릴 때부터 같이 자란 정성환 목사님의 삶과 비전이 응축된 책. 읽을수록 신앙의 의미와 앞으로의 삶의 방향이 확실해졌습니다. 신앙의 의미와 삶의 방향을 찾고 싶은 분들, 뜨거운 신앙의 삶을 살고 싶은 분들, 이 땅에서 진정한 그리스도인의 모습을 발견하고 그렇게 살기를 원하시는 분들께 적극 추천합니다.

김준동, 화성교회 집사, '국어는 준동' 저자

허리케인으로 뽑혀 나간 코스모스가 다시 만발하게 꽃을 피워 우리를 행복하게 하듯이, 참된 신앙인들이 전해오는 진실한 삶의 모습은 우리에게 용기를 줍니다. 세상이 교회를 걱정하는 이 엄혹한 시련의 세월 속에서도 말씀을 말씀 그대로 붙잡고 믿음으로 이겨 나가고자 하는 모든 분들에게 일독을 권합니다.

주수일, 화성교회 친구, 나의 시인

얼마 전 코로나로 고생했다는 소식도 전해 듣고 책 원고에서도 읽었네. 아무튼 그나마 이젠 회복되었다니 정말 다행이네. 아픈 가운데서도 집필을 하느라 여러 가지로 어려움도 많았을 것 같은데 다시 한 번 책 출간을 축하하네.

장용민, 화성교회 친구, 경북대 의대 교수

새생명 한인 교회 이야기를 읽으며 개인의 삶이든 공동체의 삶이든 기록으로 남긴 것만이 오래도록 남는 추억이 되고, 나와 이웃에게 영향을 끼칠 수 있는 역사가 된다는 생각이 듭니다. 이렇게 정성환 목사님과 새생명 교회 이야기를 책으로 엮어내는 것을 진심으로 축하합니다. 제 머릿속에 강원도 태백 산골에서 9살에 아버지를 잃은 소년이 하나님 아버지의 손에 이끌려 살며, 미국 플로리다에서 목회하기까지의 삶의 여정이 아련하게 그려졌습니다. 저도 비슷한 삶의 궤적을 밟아왔기 때문입니다.

어려운 교회에 두 번이나 담임목사로 보내어진 것은, 하나님께서 정성환 목사님을 구원타자로 보내신 것임이 틀림없어 보입니다. “Three Nine Church"를 세워가기 위해, 전도와 선교, 양육과 훈련, 봉사와 섬김에 전력하는 모습이 아름답습니다. 그 모든 것의 기초와 과정과 목표를 하나님의 말씀에 두고 있으니 열매가 풍성하게 나타나는 것은 지극히 당연한 일이라 할 것입니다. 이역만리 한 시골 마을에서 일어나고 있는 하나님의 역사가 지구 반대편에 있는 이곳까지 울림이 있습니다.

덩치가 크다고 해서 건강한 것도, 작다고 해서 약한 것이 아닌 것은, 사람의 몸이나 교회공동체 역시 마찬가지일 것입니다. 비록 새생명 한인교회가 플로리다 한 시골의 작은 교회일지라도 미국 교회는 물론 대한민국 교회와 전 세계에 흩어져 살아가는 하나님의 백성들에게 선한 영향력으로 길이길이 남기를 축복합니다.

송정의, 정교교회 담임목사

축하, 추천의 글

정성환 목사님의 초고를 몇 번이나 읽고... 가보지는 못했지만 플로리다 변방의 시골 교회에서 밑거름 같은 목사가 되어서 교회의 직분자들도 세우고 교회를 든든히 세워가는 모습을 보면서 멀리 조국에서 박수를 보낸다. 정 목사님의 글에는 정목사님이 교회와 교인을 얼마나 사랑하는 지를 마음으로 읽을 수 있다. 새생명한인교회의 비전도 감동이다. 구원 구실 구제 하는 교회. 가장 상식적인 교회 주제인데도 이게 왜 이렇게 어려울까? 정 목사님을 30년 넘게 옆에서 보아 온 사람으로 목사님을 평한다면 '바름'과 '변함없음'으로 말하고 싶다. 코로나시대의 아픔은 단절과 두려움이다 이 귀한 책이 단절과 아품의 시대를 살아가는 많은 이들에게 위로와 소망을 주는 귀한 책이 되기를 바란다. 사막이 아름다운 것은 오아시스가 있기 때문이고 플로리다가 아름다운 것은 정성환 목사님이 플로리다 새생명한인교회에 있기 때문이다.

김진혁, 상림교회 담임목사

지난 한해 코로나로 인해서 '아무도 가보지 않은 길'을 가야만 했고, 또 삶의 어떤 상황으로 인해서 절망과 희망의 세계가 공존함을 느꼈고, 더불어 함께 살아가는 것의 의미가 단순하지만은 않다는 것을 알게 되었다. 절망과 희망, 생기없음과 소생의 순환을 사는 것은 누구도 예외가 아니다. 저자는 코로나에 확진되어 치료하는 과정에서 겪은 삶의 진솔한 얘기들을 통해 나와 하나님, 나와 세계, 그리고 하나님과 세계와의 생각들을 나누고 있다. 그의 하나님 앞에서의 꾸밈없는 단독자의 모습은 학창시절의 진실

되고 순수한 모습을 통해 충분히 짐작되는 바이지만 특별히 이 책을 통해 다시 한번 만나게 되어 어린 시절을 함께 나누었던 친구로서 몹시 기쁘다. 남은 인생 이 친구와의 하나님 앞에서의 시간이 어떻게 될지 기대된다.

김성식, 화성교회 친구, 영락고등학교 교장

정성환 목사님과 새생명 한인 교회를 앞서서 여기까지 인도하신 에벤에셀의 하나님께 감사와 찬양을 드립니다. 행함이 없는 믿음은 죽은 믿음이라고 하였습니다. 이 글들은 새생명 한인 교회와 정성환 목사님의 사역 기록으로 말과 혀로만 아니라 행함과 진실함으로 섬기면서 믿음을 보여준 소중한 복음 사역의 기록입니다. 이 안에 새생명 한인 교회의 믿음의 역사가 가득합니다. 새생명 한인 교회의 사랑의 수고도 넘쳐 흐르고 있습니다. 그리고 코로나19 시대에 함께 소망을 가지고 성경 말씀을 쓰면서 인내하고 승리한 기록이 있습니다. 이렇게 행할 수 있었고, 기록으로 남길 수 있었던 것은 정성환 목사님의 복음의 열정과 교회를 사랑하는 마음 때문임을 볼 수 있었습니다. 학창 시절에 보여주신 그 열정과 사랑이 30여년 지난 지금까지 여전한 모습에 감동과 도전을 받았습니다. 지금처럼 앞서가시는 하나님의 인도하심 따라서 은퇴와 주님 앞에 서는 그 날까지 승리하시는 정성환 목사님의 사역되시고, 새생명 한인 교회도 지금까지 많은 어려움 중에도 말씀 위에 굳게 서 온 것처럼 믿음, 소망, 사랑으로 나중 영광이 이전 영광보다 더 큰 교회가 되기를 기도하며 응원하겠습니다.

신형진 목사, 샘솟는교회

축하, 추천의 글

“목사님들, 사실은 제가 지난 연말에 코로나-19 확진 판정을 받았었습니다.” 연초에 늘 교제하는 30년 지기 목사님들과 화상통화에서 정목사님 불쑥 이 말씀을 꺼내놓을 때, 정말 크게 놀랐습니다. 마음이 아팠습니다. 그런데 정작 목사님은 담담하였고 오히려 평온했습니다. “목사님들, 저는 다 나았습니다. 그 뿐 아니라 저와 우리 교회가 성경쓰기를 하면서 코로나-19를 이겨나가고 있습니다. 우리에게 은혜가 넘칩니다” 그 날, 확진에서 완치까지의 과정과 성경쓰기가 우리에게 끼친 은혜를 기록으로 남기고자 한다는 계획을 나눴습니다. 그리고 지금 그 결과물을 제가 받아들고 읽고 있습니다. 이민목회를 경험한 목사로서 정목사님의 글, 단어 하나가 의미하는 것을 잘 알기에 더 큰 감사를 드립니다. ‘동일한 교회 두 번 청빙’, 그때마다 곁에서 그 결정을 지켜보며 정목사님의 인격이기에 가능하다는 생각을 했지만, 정작 글을 읽으며 그 이상이라는 것을 알게 되었습니다. 이민교회와 이민자들을 품는 신실한 목회가 열매 맺는 것에 최고의 기쁨을 나누며 하나님께 감사드립니다. 한인들의 숫자가 많지 않는 지역에 위치한 교회지만 한인이 많은 지역의 큰 교회가 감당해야 하는 지역의 구심점과 같은 교회가 되도록 수고하신 목사님께 존경을 보내드립니다. 영혼의 가치는 동일한 것입니다. 새생명한인교회가 앞으로 더 나아가는, 하나님의 마음을 시원케 하는 그러한 교회가 되길 축복합니다. 이 책도 플로리다의 경계를 넘어 이민사회와 한국에서도 널리 읽히는 책이 되길 바랍니다. 눈물과 사랑으로 목양하는 정목사님과 새생명한인교회와 성도들을 축복합니다.

김동일목사, 서울생명찬교회

나 아닌 나로써 머나먼 이국 땅에서 새생명한인교회를 오늘까지 그 많은 고난 가운데도 인내하며 목양하신 정성환목사께 깊은 감사를 드립니다. 얼마전 임직예배도 은혜 가운데 드리고, 이렇게 귀한 말씀 이야기를 출판하게 되어 진심으로 축하 합니다. 우리 모두가 코로나19 때문에 움츠리고 있을때 모두에게 도전과 은혜가 되며 특히 새생명한인교회 성도님들께 큰 힘이 되고 있어 더욱 감사 하군요. 기문지학(記聞之學) 이라고 겸손하게 말씀 하셨지만 저희에게는 이문회우(以文會友)의 설교집이 되는것 같습니다. 정목사님과 나 아닌 나로써 교제하시는 귀한 벗들이 책 앞에 모이게 되었으니 말입니다.

오늘 교회가 큰 위기 가운데 목사님 말씀과 기도처럼 다시 말씀으로 돌아가며 삶이 회복 되기를 저 또한 간절히 소망합니다.

하나님께서 목사님과 가족들 누구보다 예샘이와 다울이를 여기까지 은혜로 지켜 주시고 인도 하신 것을 감사 드리며 또한 새생명한인교회 교우 한 분 한 분을 특별한 섭리 가운데 보호해주시고 건강한 교회 공동체 이루게 하셔서 감사드립니다.

목사님의 귀한 말씀과 간증 글이 지역사회와 하나님의 사람들에게 영향력 있게 펼쳐 나가기를 간절히 바랍니다. 그래서 지금까지도 그렇게 목회하셨지만 앞으로 더욱 건강한 정주목회(定住牧會), 마을 목회 통하여 새생명 한인 교회가 거룩한 하나님의 공동체를 이루고, 하나님과 이웃을 사랑으로 섬기는 사랑의 공동체를 이루어 가시길 기도합니다. 감사합니다.

김기중목사, 사)한국농어촌선교단체협의회.사무총장

Contents 목 차

프롤로그 · 2

축하, 추천의 글 · 4

1부

만남 이별 다시 만남 & 성경쓰기 · · · · · · · · · · · · · · 13

- 첫 만남 · 14
- 이별 · 19
- 다시 만남 · 27
- 성경 쓰기를 시작하다 · · · · · · · · · · · · · · · · · 29
- 앞서가며 인도하시는 하나님 · · · · · · · · · · · · · · 33
- 코로나19를 이겨내는 비결-성경쓰기 · · · · · · · · · · 38
- 성경 대한민국을 꿈꾸며 · · · · · · · · · · · · · · · · 42
- 2020년을 마감하며 · · · · · · · · · · · · · · · · · · 47
- “내가 코로나19에 걸리다니” · · · · · · · · · · · · · · 54
- 성경인생을 다짐한다 · · · · · · · · · · · · · · · · · 61

2부

코로나19중 성경쓰기 붓끝에서 나온 주일 설교문 · · · · · 65

- 놀라우신 예수님 (마가복음 16:1-16) · · · · · · · · · · · · 67
- 성령의 충만함 (누가복음 3:21-23) · · · · · · · · · · · · · 73
- 천국의 배낭 (누가복음 12:29-34) · · · · · · · · · · · · · 79
- 어머니 마리아 (요한복음 19:25-27) · · · · · · · · · · · · 85
- 성령의 역사 (사도행전 10:1-48) · · · · · · · · · · · · · · 91
- 판단 중지 (고린도전서 3:21~4:5)· · · · · · · · · · · · · · 97
- 화목하게 하는 직책 (고린도후서 5:14-21) · · · · · · · · 105
- 이신칭의의 복음 (갈라디아서 1:6-12,2:16) · · · · · · · · 113
- 구원의 창시자 (히브리서 2:9-3:1) · · · · · · · · · · · · 121
- 먼저 알 것 (베드로후서 1:20-21. 3:3-7) · · · · · · · · · 127
- 값없이… (요한계시록 3:14-22)· · · · · · · · · · · · · · 133
- 세 가지 시험 (마태복음 4:1-11) · · · · · · · · · · · · · 141
- 소리 질러 (마태복음 14:22-33) · · · · · · · · · · · · · 149

부록

- 곰팡이가 핀 건빵 · 158
- 친구 모친 빈소에서—주수일 · · · · · · · · · · · · · · · 164
- 비전 2020-2021 새생명한인교회 · · · · · · · · · · · · 168

에필로그 · 178

1부

만남 이별 다시 만남 & 성경쓰기

첫 만남

새생명한인교회는?

코로나19 팬데믹이 아니라면 결코 이 글을 쓰지 아니하였을 것입니다. 저희 새생명한인교회는 미국 남동부 플로리다 팬 홀더 지역에 자리 잡은 작은 교회이지만 새벽예배하고 수요예배를 드리고, 교우들을 돌아보다보면, 금방 목요일 금요일이 되고, 주일 준비하고, 주일을 보내고 나면, 다시 월화수목금토 일상이 반복되는 시간이 그리 빨리 지나갈 수밖에 없는 곳입니다. 우리 교우들에게 신앙이란 그저 삶 그 자체입니다.

제가 지금까지 살아본 곳 중에 날씨가 제일 좋은 곳은 아무래도 LA 같습니다. 그런데 공기가 제일 좋은 곳은 여기 크레스트뷰같습니다. 여기는 정말 공기가 좋은 곳입니다. 어릴 때에 강원도 산골에서 느꼈던 던 그 상큼한 공기 맛을 이곳에 와서 다시 맛보고 있는 것입니다. 미세먼지로 연일 고생하는 한국 식구들을 생각할 때에 그저 미안한 마음이 들어서 한국에 가면 공기가 좋다는 말은 대개 삼가고 있습니다.

플로리다에서 가장 높은 지역이라 동네 이름이 ‘크레스트뷰’(Crestview)입니다. 하늘이 아름답고 자연이 살아있는 곳입니다. 곳곳에 호수가 있고 작은 개천이 흐르고 그리 크지 않은 강도 있습니다. 소나무는 대나무처럼 쭉쭉 뻗어 숲을 이루고, 거대한 참나무는 너무나도 듬직하게 군락을 이루고, 자리를 잡고 있습니다. 그래서 도로 명이 파인(Pine)이나 옥(Oak)이 들어가 있는 것들이 더러 있습니다. 소나무 숲이 자연 그대로 이루어져, 개천이 중간에 흐르는 걸을 수 있는 아름다운 트레일(Trail)도 있습니다. I-10 고속도로와 85번 고속국도가 연결되는 교통의 요충지이기도 합니다. 팬사콜라(Pensacola)가 자동차로 50분 거리이고 눈과 같이 흰 모래 슈가 샌드(Sugar Sand)와 에메랄드 빛 바다로 유명한 관광지 데스틴(Destin)이 40분 거리이며, 파나마시티(Panama City)는 1시간 30분 정도의 거리에 있습니다. 주도 탈라하시(Tallahassee)는 2시간 거리입니다.

가끔 길에서 사슴을 보기도 합니다. 새벽예배 갈 때에 운전하며 조심해야 할 것은 갑자기 뛰어나오는 토끼를 치이지 않는 것입니다. 차가 오는데도 냅다 달리는 토끼가 차에 치여 죽는 일이 다반사입니다. 다람쥐가 전기 줄을 타고 담과 나무를 타며 재주를 부리고, 하늘 높이 독수리가 날고, 이름 모를 새들이 하루 종일 지저귀는 곳입니다. LA 길고양이들은 사람을 보면 이리저리 도망 다니지만, 이곳의 길고양이들은 마치 자기가 호랑이나 된 듯이 어슬렁어슬렁 거리며 걸어 다닙니다. 사람들도 대도시 사람들보다 여유가 있고, 모르는 사람도 보면 인사하고, 마주치면 웃어주고, 손을 흔들며, 은행이나 주유소 마켓에 가면 서로 문을 잡아주는 그런 친절한 사람들이 사는 곳입니다.

올해로 16년 된 우리 교회는 우여곡절을 많이 겪은 교회입니다. 제가 2012년 3월 처음 부임할 당시 2006년에 시작하여 만 6년 된 교회였는데, 제가 4대째 담임목사로 부임하였습니다. 당시 교회의 어려운 문제로 10여명의 성도가 남아있었습니다. 여성 성도가 교인의 95% 이상인 교회였습니다. 그래도 지금은 4명 중에 한 명이 남자 성도입니다. 빌 목사님을 비롯하여 EM(English Ministry) 남자 성도들이 나오기 때문입니다.

LA를 떠나도록 기도하던 중에

2012년 초 국제개혁대학교에서 교수사역을 하던 저는 당시 LA를 떠나도록 기도하고 있었습니다. 마침 신학교에 들른 선배 목사님의 추천으로 이 교회와 인연을 갖게 되어 2012년 3월 18일(주일) 부임하게 되었습니다. 당시 교회 건물이 마련되지 않아 개척 이래 줄곧 라이브옥침례교회를 빌려 오후 1시에 예배를 드렸습니다. 당시 교회의 가장 큰 목표는 자연스럽게 예배당을 마련하는 것이었습니다. 그러나 그것이 그리 쉽지 않았습니다. 더러 빈 예배당도 있었지만 우리 교회의 소유가 되지는 못했습니다. 성도님 중에 한 분이 "목사님 작은 집이라도 한 채 사세요?" 하면 "교회가 예배당이 없는데 목사가 무슨 집입니까. 예배당 마련하고 나면 집을 사겠습니다."고 하였습니다. 자연히 온 교우들의 기도제목도 자체 건물의 예배당을 마련하는 것이었습니다. 그렇게 해서 온 교우들이 힘을 모아 건축헌금을 하여서 본래 5만 불에서 좀 더 늘어나 10만 불정도로 늘어나게 되었습니다. 연말 결산할 때에 경상비와 선교비로 지출한 것 이외의 잔액은 모두 건축재정으로 이관하였습니다.

'Three Nine'(삼구교회)를 꿈꾸며...

2012년 3월에 부임하여 그 해 말 2013년 제직으로 14분을 임명하고, 4개 구역에 30여명의 성도로 부흥하게 되었습니다. 작은 교회지만 예수님의 마음을 품고 "Three Nine Church"를 꿈꾸며 구원하는 교회, 구실하는 교회, 구제하는 교회, '삼구교회'(Three Nine Church)로 전도와 선교, 양육과 훈련, 봉사와 섬김으로 전력하였습니다. 말씀 묵상과 복음 증거로 건강한 교회를 이루어가는 것이 저의 목회 철학입니다. 그리하여 그해 성경통신대학 신약반에 16명이 수료하고, 프리셉트 신약개관에 9명이 수료하였습니다. 2013년 연말에는 2014년 제직으로 21명을 임명하였습니다. 교인은 4개 구역에 50여명 정도 부흥하게 되었습니다.

Three Nine Church를 꿈꾸며…

새생명한인교회는 하늘의 뜻이 이 땅에 이루어지도록 Three Nine Church를 꿈꿉니다. 39는 구약성경 39권입니다. 3x9=27 신약성경 27권입니다. 오직 66권 성경 말씀을 묵상하며 증거 하는 것을 바탕으로 '삼구', 3가지 '구'를 이루는 교회를 소망합니다.

'삼구'의 첫 번째 '구'는 구원하는 교회입니다. 이 세상에서 아무리 출세해도 영혼이 구원받지 못하면 아무것도 아닙니다. 영혼이 구원받아 회심을 체험하는 교회를 목표로 합니다.

삼구의 두 번째 '구'는 구실하는 교회입니다. 교회가 크다고 건강한 교회가 아닙니다. 교회가 작다고 좋지 않은 교회도 아닙니다. 교회는 교회 구실을 해야 좋은 교회입니다. 본 교회는 건강하고 좋은 교회로 거듭나길 소원합니다.

삼구의 세 번째 '구'는 구제하는 교회입니다. 영적으로나 육적으로나 어려움에 처한 이웃을 구제하는 것입니다. 물론 여기엔 전도와 선교가 포함됩니다. 백 마디 말보다는 한 번 가서 돌아보는 것 좋습니다. 샬롬 샬롬!!

—2012년 5월 27일 주보 칼럼 'Three Nine Church를 꿈꾸며'

새생명한인교회 생활을 안내합니다.

본 교회는 성경의 절대영감과 절대권위를 신조로 삼는 미주한인예수교 장로회(KAPC) 소속 교회입니다. 담임 목사의 목회 철학은 성경 묵상과 증거입니다. 매일 성경보고 매일 기도하는 것을 기본으로 합니다. **주일 대예배**는 오후 1시에 '내 영혼 의 찬양팀'의 찬양 인도로 시작하여 1시간 정도 드립니다. 예배는 동시통역으로 진행됩니다. **식사 친교**가 예배 후에 있습니다. 식사 전에 매주 **성경 암송구절** 한 절을 함께 암송합니다.

성경통신대학이 올해부터 실시됩니다. 한 주에 구약 9장 신약 3장을 읽고 답하여 제출하고 돌려받는 형식으로 2년 과정입니다. 매일 성경보고 기도하자는 뜻으로 실시하고 있습니다. 누구나 참여할 수 있습니다. **수요 성경공부**는 기도의 집에서 오후 7시에 있습니다. 현재 요한계시록을 공부하고 있습니다. 분기별로 추천도서를 정하여 읽고 **독서 토론**합니다. **새벽 예배**는 매주 화부터 토요일까지 새벽 5시 30분에 찬송을 두 장 부르고 매일 성경을 한 장 씩 읽고 말씀을 나누고 나서 각자 개인 기도합니다. **구역 예배**는 매월 2째 토요일 연합예배로 드리고, 4개의 동산이 자체적으로 좋은 시간에 한 번 더 드립니다. **한국 학교** 한글 기초반이 개설되어 현재 2분이 열심히 공부하고 있습니다. 한글과 한국 문화를 배우길 원하는 분은 누구나 참여할 수 있습니다.

본 교회는 한인 커뮤니티의 교회입니다. 앞으로 더 좋고 건강한 교회가 되도록 최선을 다 하겠습니다. 감사합니다. 샬롬 샬롬!!

—2013년 2월 10일 주보 칼럼 '새생명 한인 교회 생활을 안내합니다.'

이별

다시 LA로, 서울로

제 아내는 한국에서 초등학교 교사인데 2007년부터 당시까지 7년간 계속 휴직을 해왔습니다. 그런데 서울시 교육청에서 더 이상 휴

직이 연장이 되지 않는다는 통고가 교감 선생님으로부터 왔습니다. 아내는 부임초기부터 알리온(어린양) 선교회 '선교교사'로 헌신하여 학교 현장에서 복음을 전하며 가르치는 교사였습니다. 결국 2014년 7월 말까지 사역하고, 이곳에서의 목회를 접게 되었습니다. 아내는 한국에 초등학교 교사로 복직하고, 저와 딸, 아들은 LA로 돌아가서 저는 다시 국제개혁대학교 교수 사역을 하게 되었습니다.

지난 2년 반의 목회 사역을 되돌아보니 꿈만 같았습니다. 그야말로 좋은 일도, 힘들고 어려운 일도, 즐거운 것도, 고통스러운 것도 많았습니다. 좋은 일은 금방 잊어버리지만 고통스런 일은 오래 기억하는 것을 보면 인간은 별 수 없는 죄인인 증거가 아닐까 생각합니다. 그럼에도 불구하고 '비극도 지나면 희극이 된다.'는 우디 엘런의 말과 같이 지나고 나면, 꿈과 같고 추억이 되는 것입니다. 지난 2년 반 새생명한인교회와 함께 한 기간은 정말 꿈과 같이 행복하고 아름다운 나날들이 되었습니다. 이곳에서의 사역을 마무리하고 LA로 돌아가기 보름 전, 2014년 7월 14일 '기도노트'의 내용입니다.

하나님은 나의 장점 단점 나의 과거와 현재 미래까지 모든 것을 다 아십니다. 하나님은 교회 내의 문제도 다 아십니다. 미국 한국은 물론 온 세상의 역사를 다 아시고 인도하고 계십니다. 모든 것들이 하나님으로부터 나와서 하나님으로 말미암고 하나님에게로 돌아갑니다. 결국 하나님 앞에 모든 것을 털어 놓고 기도하는 것이 인간의 가장 자연스러운 모습이 아닐까요? 그러나 인간은 자존심이 있어서 하나님 앞에 잘 털어놓지 못하기도 합니다. 이 자존심이 곧 교만이지요. 하나님 앞에 과연 자존심을 부릴 것이 무엇이 있습니까? 하나님께 더 가까이 가길 원합니다. 솔직하게 문제를 내어놓고 기도하길 원합니다. 인간의 본연의 자세로 하나님을 만나길 원합니다. 문제를 그대로 드러내길 원합니다. 그 문제의 대답은 하나님에게 있는 줄로 압니다.

하나님께서 인간의 몸을 입고 이 세상에 오신 예수님 감사합니다. 죄가 없는 인간으로 예수님이 이 세상에서 오셔서 하신 말씀이나 행동 하나 하나가 우리 문제의 해답인 줄로 압니다. 주 예수님의 말씀과 행동을 묵상하고 그 내용을 따라 사는 것이 문제의 해답입니다. 나의 죄를 사하시고 문제를 해결하여 주시는 예수님, 주님께 더 가까이 하길 원합니다. 주님의 말씀과 행동이 나의 생활의 기초입니다. 그 말씀을 따라 순종하고 그 모범을 따라 행하며 사는 것이 복된 삶인지 믿습니다. 해답은 항상 주님께 있습니다.

주님, 오늘도 말씀하여 주세요. 주님의 행동이 모본이 되어 나에게 보여주세요. 이 세상에는 하나님의 생명의 역사가 넘쳐납니다. 주님이 주시는 생명이 날마다 새롭습니다. 생명을 주시는 하나님 감사합니다. 문제를 해결해 주시는 예수님 감사합니다. 감사하는 마음속에 생명의 성령의 역사가 넘쳐납니다. 아버지 하나님께서 예수님의 이름으로 보내신 성령, 성령께서 나를 거듭나게 하시고 살리시고 새롭게 하십니다. 오! 성령이시여 나의 맘속을 새롭게 하옵소서. 내가 도무지 어찌할 수 없는 문제를 해결하여 주시옵소서. 주여! 호흡합니다. 이 호흡이 아버지 하나님이 주신 것을 믿습니다. 주여 믿습니다. 이 믿음을 주님이 주신 것을 믿습니다. 주여! 문제를 해결하여 주세요. 해답은 주님이십니다. 문제를 해결하시고 고치시는 성령님 의지합니다. 사랑합니다. 감사합니다.

**abc 권사님 감사합니다. 이전에 권사님이
아니시고 변화하신 모습이 너무 좋습니다.**

**def 성도님 감사합니다. 서머 타임으로 바뀌는 시간 예배를
드리지 못해 아쉬워하던 모습이 생각납니다.**

**ghi 집사님 감사합니다. 불치병도 믿음으로 이겨내고
건강하여 든든히 서시니 좋습니다. 딸의 효도를 받고
부군의 사랑을 받는 모습이 너무나 좋습니다.**

**jkl 권사님 감사합니다. 언제나 중심에 서서 흔들리지 않으시고
교회를 가장 사랑하시며 섬기시는 모습이 좋습니다.**

**mno 집사님 감사합니다. 어려움 가운데서 믿음으로 사시고
아드님 따님 그 앞 길이 열리니 감사합니다.**

**pqr 권사님 감사합니다. 늘 힘 있게 찬양하고 여러 은사로
섬기는 모습이 너무 좋습니다.**

**stu 권사님 감사합니다. 교회 살림을 알뜰하게
사는 모습이 너무 좋습니다.**

vwx 집사님 감사합니다. 계속 자리를 지켜주시니

감사합니다. 좋은 일꾼이 되시길 바랍니다.

yza 집사님 감사합니다. 겸손히 부군을 섬기고
교회를 섬기는 모습이 좋습니다.

bcd 권사님 감사합니다. 영혼을 사랑하시고
교회를 사랑하시는 모습이 너무 좋습니다.

efg 집사님 감사합니다. 부모님 잘 섬기고
하나님을 잘 섬기는 집사님 모습이 아름답습니다.

hij 집사님 감사합니다. 믿음이 자라고 부군과 가족들
잘 섬기고 기도하는 모습이 아름답습니다.

klm 집사님 감사합니다. 가정을 믿음으로 잘 세우고
교회를 위해 헌신하는 모습이 좋습니다.

nop 집사님 감사합니다. 주일 학교 잘 섬기시고
부군 자녀들 잘 믿음으로 세우시니 감사합니다.

qrs 집사님 감사합니다. 매주일 꽃봉사가 하나님께
드리려지니 감사합니다.

tuv 성도님 감사합니다. 건강하시고 믿음으로
하나님 앞에 예배하시길 축복합니다.

wxy 집사님 감사합니다. 피스 메이커로 아름답게
활약하시길 기대합니다.

cba 집사님 감사합니다. 건강하시고 새생명한인교회를
생명 바쳐 사랑하시길 축복합니다.

zab 권사님 감사합니다. 권사 가수왕 탄생입니다.
성령의 능력으로 찬양하는 것이 좋습니다.

cde 집사님 감사합니다. 집사님으로 인하여 새생명샘이
캄보디아에 1,2,3,4호 터졌습니다. 감사드립니다.

fgh 성도님 감사합니다. 믿음의 장부가 되시길 축복합니다.

jk 성도님 감사합니다. 믿음으로 아름다운 가정을
이루어 가시길 축복합니다.

lmn 집사님 감사합니다. 집사님으로 인하여
1부 예배가 복을 받았습니다.

opq 성도님 감사합니다. 믿음으로 강건하여
중심으로 예배드리시길 축복합니다.

rst 집사님 감사합니다. 온전한 믿음으로
예배 때 마다 영광 돌리시길 축복합니다.

uvw 집사님 감사합니다. 믿음의 중심에 서서
하나님의 나라를 바라보시길 축복합니다.

xyz 성도님 감사합니다. 흔들리지 않는 믿음으로
예배드리시고 하나님을 기쁘시게 하시길 축복합니다.

zyx 성도님 감사합니다. 하나님의 말씀을
듣는 자리에 나오시길 축복합니다.

wvu 성도님 감사합니다. 믿음이 자라
세례를 받는 신앙이 되시니 감사합니다.

tsr 성도님 감사합니다. 믿음으로 부군의 병이 낫고
예배드리는 자리로 나오시길 축복합니다.

qpo 성도님 감사합니다. 한국 교회를
사랑해 주셔서 감사합니다.

nml 성도님 감사합니다. 함께 한국 교회를
사랑해 주셔서 감사합니다.

kji 성도님 감사합니다. 교회의 일을
자신의 일처럼 감당하심을 감사합니다.

rgf 성도님 감사합니다. 믿음으로 일어서길 축복합니다.

edc 성도님 감사합니다. 하나님 바라보시고
주님 앞으로 나오시길 축복합니다.

baz 성도님 감사합니다. 반주로 계속 하나님께
영광돌리시길 축복합니다.

yxw 집사님 감사합니다. 정금과 같은 믿음으로
든든히 서시길 축복합니다. 가족 모두!

vut 성도님 감사합니다. 건강하시고 훈련 잘 마치고
훌륭한 장교가 되시길 축복합니다.

srq 성도님 감사합니다. 믿음에 서서 훈련 잘 마치고
훌륭한 장교가 되시길 축복합니다.

pon 성도님 감사합니다. 미국 군에서 장군이 되는
영예를 누리시길 축복합니다.

mlk 성도님 감사합니다. 부부간에 행복하시고
자신의 꿈도 이루시길 축복합니다.

jih 성도님 감사합니다. 집을 열어 온 성도들을
대접하시고 믿음의 여장부 되시길 축복합니다.

gfe 성도님 감사합니다. 사막의 백합화 같이
아름다운 믿음으로 1부 예배를 드리시니 감사합니다.

dcb 집사님 감사합니다. 1부 예배를 드리며
찬양으로 영광을 돌리시니 감사합니다.

azy 성도님 감사합니다.
1부 예배 첫발을 내딛으시니 감사합니다.

지난 2년 반 동안의 사역은 말씀 묵상과 증거, 그리고 새벽마다 교우들과 그들의 자녀들의 이름을 불러가며 축복하며 기도하는 사역이었습니다. 꿈만 같이 아름다운 사역이었습니다. 집사람은 서울로, 나와 아이들은 LA로 다시 돌아왔습니다. 자동차로 대륙을 횡단하여 LA로 돌아오는 길에 캘리포니아 사인이 보이니 아이들은 환호성을 지르며 춤을 추었습니다. 그러나 2014년 8월부터 2016년 11월 말까지 제 아내는 복직하여 처음 적응하는 기간에 무척 힘들어 하였습니다. 그러나 선교교사로서 매우 감사하며 아주 행복한 교직 생활을 하였습니다. 그러나 방학 때마다 왔다 갔다 해야 하는 아내는 적지 않게 힘이 들었습니다. 저는 저대로, 아들딸은 아들딸대로, LA에서 아주 힘든 시간을 보냈습니다. 부부가 떨어져서 산다는 것이 얼마나 힘든 일인지 예전엔 미처 몰랐습니다. 경험해보지 못한 사람은 모를 것입니다.

다시 만남

마침내 예배당을 헌당하고...

그런 와중에 새생명한인교회가 또 어려움에 봉착하게 되었습니다. 5대 담임목사님이 갑자기 그만 두게 되는 상황이 된 것입니다. 그런 중에도 하나님께서는 새생명한인교회에 10년 만에 예배당을 선물로 주셨습니다. 이 예배당은 미국 아포스톨릭 처치(Apostolic Church)가 사용하던 그리 크지 않은 예배당인데 미국 목사님과 사모님이 예배당을 직접 지어 목회하던 교회를 아들 목사님이 이어 받아 잘 목회하시다가 10년 전부터 비워두었던 곳으로 겉보기엔 거의 폐건물과 같았습니다. 앞뒤 마당은 잡초와 잡목이 무성하였습니다. 건물 외벽에는 달팽이가 다닥다닥 붙어 있었습니다.

그러나 내부는 벽돌이나 목재나 무너지거나 썩은 곳이 하나도 없는 단단한 건물이었습니다. 8만 불 정도에 현금을 주고 바로 사서 8만 불 정도 더 드려 리모델링하고 2017년 3월 18일(토) 온전히 헌당예배를 드린 것입니다. 그동안 모아놓은 건축 헌금과 교우들이 힘을 모아 헌금함으로 빚이 하나도 없이 온전한 헌당을 하게 된 것입니다.

이 때에 시무권사 4분도 함께 세우게 되었습니다. "본래 교회는 건물이 아니고 사람이기에 건물 헌당도 중요하지만 사람 일꾼을 세워 헌신하는 것이 더 중요한 것이다." 기도하며 직분자 헌신을 한 것입니다. 기존의 시무 권사 오세월 권사님을 이어 서숙자 권사님, 김정옥 권사님, 김수예 권사님, 백현희 권사님 4분을 세워 시무 권사가 5분이 되었습니다.

다시 이곳 크레스트뷰로

2016년 11월 20일 추수감사주일에 저희 가정은 이곳 새생명한인교회로 다시 부임하게 되었습니다. 참 묘한 인연입니다. 한 교회가 한 목사를 담임 목사로 두 번 청빙하였다는 소리를 들어본 적이 있습니까? 제가 그 장본인이 된 것입니다. 4대 담임목사를 역임하고, 다시 6대 담임목사가 된 것입니다. 저는 새생명한인교회와 참으로 묘하고 귀한 끈질긴 인연을 다시 맺게 되었습니다.

교인들은 흩어지고 제직 10여명, 교인 10여명이 정도 남아 있었습니다. 다시 시작해야 해야 했습니다. 2017년 연말에는 제직 20명에, 교인 30여명으로 다시 일어나기 시작하였습니다. 은혜구역이 한 구역 더 생겼습니다. 2018년에는 제직 22명에 교인 40여명으로 조금 더 부흥하였습니다. 케냐 선교사이시던 빌 목사님이 건강상 이유로 귀국하셔서 EM 사역을 맡아주심으로 EM 사역도 부흥하게 되었습니다. 샬롬 구역이 한 구역 더 생겼습니다. 2019년에는 물론 이사 간 가정도 있지만, 새가족을 열 가정이나 보내주셨습니다.

그리하여 12월 24일 성탄절 이브 저녁에는 찬양대가 두 팀으로 나누어 새로 등록한 열 가정을 찾아다니며, 성탄 저녁송을 불러 성탄의 기쁨과 영광을 나누었습니다. 샘물 구역이 한 구역 더 생겼습니다. 2019년에는 제직 25명 포함하여 교인 60여명으로 부흥하게

성경 쓰기를 시작하다.

2020년 새해가 밝아오다!

창립 15주년이 되는 2020년 새해가 밝았습니다. 올해는 "기도하며 사랑하는 교회" (벧전4:7,8)를 표어로 이전보다 더욱 기도의 사람이 되고 이전보다 더욱 사랑하는 사람이 되길 소원하였습니다. 그리고 부제로 '영적 서기관이 되자!'로 정하였습니다. 그 이유는 신약성경 쓰기를 시작하게 된 것이기 때문입니다.

역사는 기록하고 기억하는 것만이 남게 되는 것입니다. 사랑하는 성도 여러분, 2020년 올해 여러분의 신앙의 역사를 기록하고 기억하고 생각하고 감사하는 한 해가 되시길 축복합니다. 2020년 신년 특별새벽기도회를 하면서 '기도수첩'을 발간하였습니다. 여러분의 기도 제목을 기록하시고 시간이 지난 다음 어떻게 응답되었는지 체크해 보시길 바랍니다. 하나님께서 어떻게 응답하시는지, 기대하시고 기도하시고 기록하시길 바랍니다. 또한 1월 20일부터는 성경통

신대학 쉬운 신약반과 신약성경쓰기를 시작합니다. 영적인 서기관들이 되어 기도제목도 쓰고 신약 성경도 쓰시며 은혜를 받으시길 바랍니다. "이 예언의 말씀을 읽는 자와 듣는 자와 그 가운데 기록한 것을 지키는 자는 복이 있나니 때가 가까움이라."(계1:3) '기록한 것'을에 밑줄 그으시길 바랍니다. 올해 우리는 성경 저자들이 기록한 것을 써가면서 말씀을 가까이 하길 원합니다. 하나님을 가까이 하길 원합니다. 하나님은 무엇입니까? 하나님은 사랑입니다. 우리가 기도와 말씀으로 하나님을 가까이 하면 할수록 하나님 사랑에 젖어들게 될 것입니다. 그리하여 올해의 표어대로 기도하며 사랑하는 나 자신과 교회가 되는 복이 있길 바랍니다. 사랑합니다. 함께 기도합시다. 샬롬 샬롬!!

—2020년 1월 5일 주보 칼럼 '영적 서기관이 됩시다.'

5월 중 창립 15주년 기념으로 말씀 사경회를 갖고, 케냐나 타 선교지를 연중에 방문하고, 시무장로 1인, 시무권사 3인을 세우는 공동의회를 3월말에 갖기로 하였습니다. 모든 것이 순풍에 돛단 듯이 진행되는 듯하였습니다.

2020년 신약성경을 쓰기 시작하다!

우리 교회는 매년 첫 주 특별새벽기도회로 새해를 엽니다. 그리고 2020년에는 그동안 미루어왔던 대심방을 하기로 하였습니다.

개인마다 가정마다 말씀과 기도로 출발하였습니다. 특별히 2020년에 새롭게 시작되는 것이 하나 있었습니다. 그것은 바로 '신약성경쓰기' 이었습니다. 성경통신대학을 통하여 신구약 성경에 익숙하게 된 분들에게 성경을 쓰면서 붓끝으로 말씀을 묵상하고 주님과 동행하는 삶을 살도록 하기 위한 것이었습니다.

제가 2018년 미국 추수감사절 기간 동안 한국을 방문하였습니다. 한국을 방문하면 교보문고는 물론 생명의 말씀사와 기독교서점 몇 곳을 둘러보는 일은 빠뜨리지 않는 일입니다. 반포와 광화문에 기독교서점들을 둘러보고, 운전면허 때문에 가다가 생명의 말씀사 노원점을 들었습니다. 그런데 다른 곳에서도 보았지만 성경쓰기 노트와 볼펜 등 각종 성경 쓰기 자료들을 아주 잘 진열해 놓은 것입니다. "아! 요즈음 한국은 성경쓰기가 대세구나! 우리 교회도 한 번 해야지" 하고 성경쓰기노트 몇 권과 볼펜 그리고 새 번역 성경, 직역 성경까지 사서 왔습니다.

그리고 2019년 시작하면서 성경 잠언을 쓰기 원하는 분들에게 노트를 만들어드렸습니다. 그런데 그 결과가 별로 신통치 않았습니다. 그런데 성경쓰기에 재미를 붙이기 시작하는 한 성도가 있었습니다. 그 성도는 다름 아닌 바로 제 아내였습니다. 당시 아내는 한국에서 명예퇴직을 하고 이곳에 저와 함께 왔지만 갱년기로 아주 심하게 고생을 하고 있었습니다. 한국에서 미국으로 올 때에 갱년기 진단을 받고 의사가 약을 처방해준다는 것을 마다하고 그냥 이겨내 보겠노라 한 것이 장난이 아니었습니다.

2017년 12월 우리 가족이 꿈에 그리던 집을 장만하였습니다. 그런데 우리 집사람에게는 그리 기쁘지 않았습니다. 그런데 우리 집사람 얼굴에 생기가 돌고 시작하였습니다. 잠언부터 쓰기 시작하여 신약성경을 다 쓰고, 그 해에 구약 성경까지 다 쓴 것입니다. 그리하여 갱년기도 이겨낼 수 있는 힘과 은혜를 받게 되었습니다. 아내는 2020년에도 신구약성경을 다 쓰고 신약을 한 번 더 썼습니다. 그러니 모두 구약 2번 신약 3번을 쓴 것입니다.

성경(쓰기)인생이 되길 다짐한다!

이전에도 성경을 간간히 쓰곤 하였습니다. 그러나 부분 부분을 썼습니다. 2020년 비로소 신약성경을 한 번 쓰게 되었습니다. 이제 성경쓰기는 저의 삶과 목회의 기초가 되었습니다. 교우들과 함께 2021년에는 구약성경 앞부분을, 2022년에는 구약성경 뒷부분 계속 해서 써나갈 것입니다. 아마 주님 앞에 서는 그 날까지 계속하여 성경을 쓸 것입니다. 주님 품에 안기는 그 날까지 이 땅에서 매일 매일 할 일이 생겨서 설레고 기쁩니다. 2020년 코로나19 환란을 겪으면서 다짐한 것이 한 가지 있습니다. 저와 우리 집사람과 교우들은 앞으로 우리의 인생이 성경을 쓰고 묵상하는 예수 인생, 말씀 인생, 성경 인생이 되길 원하는 것입니다.

앞서가며 인도하시는 하나님

시무장로 시무권사 투표를 한 주 앞당기다.

1,2월에 대심방을 잘 마쳤습니다. 3월이 되면서 3월 1일 첫 주일에 광고를 하였습니다. 시무장로 1인 시무권사 3인 투표를 위한 공동의회를 3월 22일 주일 1,2부 예배 후에 하기로 하였습니다. 3월 2월 월요일에는 KAPC 동남부노회가 열렸습니다. 노회에 당회 조직 청원서와 함께 시무장로 1분을 세우기 위한 청원을 하였습니다. 그런데 임원 목사님 중 한 분께서 가을 노회가 9월 21일 월요일에 열리니 3월 22일에 투표를 하면 6개월에 하루가 모자란다는 것입니다. 규칙에 6개월이 되어야 노회 고시 청원을 할 수 있다는 것입니다. 그래서 3월 8일 주일에 광고를 하였습니다. 3월 22일 주일 투표하기로 한 것을 3월 15일 주일에 하기로 다시 광고하였습니다. 그렇게 해서 시무장로 1인 시무권사 3인 모두 모든 교우들이 참여한 가운데 2/3 이상의 득표를 하여 3월 15일 선출하였습니다.

그런데 세계보건기구(WHO) 사무총장이 3월 11일 코로나19의 세계적인 팬데믹(Pandemic)을 선포하였습니다. 마침내 미국도 3월 18일에 트럼프 대통령이 10명 이상 모이지 말라는 비상사태를 선포함으로 3월 22일 주일부터 대면 예배를 드리지 못하게 된 것입니다. 한국도 미국도 대면 예배를 드리지 못하고 다들 온라인으로 예배를 드리기 시작한 것입니다. 노회의 지도를 받아 22일에 투표하지 않고, 한 주 당겨 15일에 투표한 것이 얼마나 다행스러운 일인지 한 치 앞을 알지 못하는 우리에게 앞서 가시며 인도하시는 하나님의 선하신 손길에 그저 감격할 따름입니다.

주보와 설교문으로 가정예배를 드리다.

SNS에 익숙하지 못한 우리 교우들은 온라인으로 예배하기 보다는 구역장들이 주보와 함께 설교문을 집집마다 배달함으로 모든 성도들은 집에서 가정 예배를 드리기 시작하였습니다.

코로나19 전염병으로 주일 예배를 드리지 못하는 초유의 사태를 맞닥뜨리게 된 것입니다. 아무리 애써서 아무렇지도 않은 척 보려하였지만 우리가 일상으로 누리던 주일 예배가 얼마나 소중한 것인지 다시 돌아보게 되었습니다. 두세 주 지나면서 함께 마주하고 기도하고 찬양하고 예배하는 것이 너무나 간절하게 그리워지기 시작하였습니다. 예배를 드리지 못하니 물고기가 물을 떠난 것 같이 힘을 잃게 되었습니다.

성도들과 아이들이 보고 싶어졌습니다. 예배가 그리워서 견딜수가 없었습니다. 트럼프 대통령이 공언하였지만 4월 12일 부활주일에도 대면 예배를 드리지 못하였습니다. 코로나19는 요원의 불과 같이 번져서 구역장들이 집집마다 주보를 배달하는 것도 위험하여서 우편으로 각 가정에 주보와 설교문을 발송하였습니다.

구역별로 돌아가며 대면예배를 드리다.

견디다 못해 5월 3일 어린이주일부터 한 구역 혹은 두 구역이 함께 나와 구역별로 예배들 드리기 시작하였습니다. 10여명 정도는 모여서 예배드리는 것은 플로리다에서는 허용되는 일이었습니다. 이 예배에 참석하지 못하는 구역 식구들에게는 주보와 설교문을 계속 보냈습니다. 주일 오전 9시에 샘물 구역으로부터 시작하여 5월 10일 어머니 주일에는 믿음과 샬롬 구역이, 5월 17일에는 소망과 사랑 구역이, 5월 24일에는 온유와 은혜 구역이 예배를 드렸습니다.

주일 예배에 참석하는 교우들은 표지판이 붙어 있는 자리에 앉고, 마스크를 착용하고, 체온을 재고, 손 소독제로 손 세정을 하고, 환기를 위해 뒤에 창문은 열어두고 예배를 드리기 시작한 것입니다. 예배를 드리게 되니 얼마나 감격스럽고 좋은지 눈물이 날 정도였습니다. 예배에 참석하는 교우들도 모두 얼마나 좋아하시는지 예배의 감격과 기쁨을 다시 회복하기 시작하였습니다.

마침내 전교인 대면예배를 드리다!

그리하여 5월 31일 주일부터는 오전 9시에 1부, 11시에 2부, 오후 1시에 3부, 세 번 예배를 드리게 되었습니다. 그러니 3월 22일 주일부터 6주는 주보와 설교문으로 가정 예배를 드리다가 5월 2일 첫 주일부터 구역별로 4주간 예배를 드리다가, 마침내 10주만에 5

월 31일 3부 예배로 전 교인들이 예배를 드리게 되었습니다. EM은 2부 예배에 함께하였습니다.

'할렐루야!'가 절로 나왔습니다. 그날 그 감격과 기쁨을 잊을 수가 없습니다. 몸은 거리를 두어도 얼굴을 맞닥뜨리고, 드리는 찬송이 얼마나 아름답고, 기도가 얼마나 간절하고, 예배가 얼마나 감격스러운지 다시금 체험하게 되었습니다. 모두 마스크를 썼지만! EM 사역자 빌 목사님은 "아주 거룩한 흥분과 하나님의 사랑으로 가득한 아주 특별한 예배였고, 우리가 대면하여 예배하기를 기도한 것을 하나님이 들어주셨다."고 기뻐하며 감사하셨습니다.

성찬식을 거행하다.

6월 7일 주일에는 성찬식을 거행하였습니다. 종려주일 행하지 못한 성만찬을 행하며 나와 너 우리가 주 안에서 하나임을 다시금 확인하였습니다. 한국엔 우이동 아파트 경비원이 입주민의 갑질에 견디다 못해 생을 마감하고, 미국은 조지 프로이드 사건으로 시위와 폭동이 휩쓸고 있을 때에 "날 숨 쉬게 하라"는 메시지 속에서 하나님 앞에서 너와 나 결국 우리가 주 안에서 하나임을 다시금 확인하고 고백하는 성만찬이 되었습니다. 죄와 사망의 숨은 이제 그만 쉬고, 생명과 복의 숨을 쉬기를 원하는 것입니다.

코로나19 중에도 새가족들이 나오다.

이렇게 대면예배를 드리면서 새가족들이 교회에 나오기 시작하였습니다. 조은자 집사님과 아들 루카스 그리고 한 권사님이 6월 21일 주일 아버지 날에 예배를 사모하여 교회에 출석하기 시작하였습니다. 그리고 어머님이 일본인 쪽인 루비 자매님이 부군 Terry Carver와 아들 알렉스와 함께 교회에 나오기 시작하였습니다. 루비 자매님의 아들 알렉스가 드럼을 치고, 조은자 집사님은 기타를 치면서 찬양을 인도하시고, 집사님의 아들 루카스가 색소폰을 불고, 피아노는 조민자 권사님이 함께 하면서 찬양팀이 구성되었습니다. '반석 밴드!'가 탄생한 것입니다. 이후 2부 예배는 '반석 밴드'의 인도로 예배가 이루어지기 시작하였습니다. 하나님께서 코로나19 중에도 새가족들을 보내주시고, '반석 밴드'가 구성되어 영광을 드리는 예배가 되었습니다. 할렐루야!

6월 26일 주일부터 시무장로 시무권사 피택자 교육이 5주간 이루어졌습니다. 8월 30일 주일 신 철 집사님께서 노회 장로 고시 필기시험과 면접을 모두 합격함으로 9월 21일 KAPC 동남부노회가 화상으로 열려 합격 증서를 받게 되었습니다.

남편들이 연세가 많으시고 기저질환이 있어 조심하는 성도 몇 가정 외에는 모든 교우들이 1,2,3부 예배에 나누어 참석하게 되었습니다. 플로리다주는 50여명 정도는 모여서 방역수칙을 지키며 예배드리는 것이 허용되었습니다. 예배마다 10여명에서 20여명 정도 분산되어 예배를 드리고 방역에 유의하니 아무런 문제없이 주일 예배를 드리게 되었습니다. 그러나 수요예배 새벽예배 구역예배 등을 아직 드리지 못하니 아쉬움 또한 없지 않았습니다.

코로나19를 이겨내는 비결

성경쓰기

그럼에도 성경통신대학 신약성경쓰기반과 쉬운신약성경반 EM Basic NT(New Testament)반을 진행하면서 특히 신약성경쓰기반에서 신약성경을 쓰는 성도님들은 이구동성으로 말합니다. "코로나19 시대에 하나님이 우리를 사랑하셔서 성경쓰기를 하게 하셨다. 성경쓰기가 없었다면 이 코로나19 환란을 이겨나가기가 어려웠을 것이다. 성경을 쓰는 것은 읽는 것과 다르다. 말씀이 몸에 베이는 것 같다. 하나님의 크심을 위대하심을 깨닫고 그 하나님을 아는 지식으로 나를 알게 되니 내 자신을 바로 알게 되었다." 고백하는 것입니다.

성경통신대학은 우리 교회가 계속해오던 것입니다. 사람이 떡으로만 사는 것이 아니라 하나님의 입에서 나오는 말씀으로 살기 때문입니다. 그런데 이것을 한 두 번 졸업하신 분들은 성경에 어느 정도 익숙하게 되었습니다. 그래서 성경 본문을 바로 보고 묵상하고 은혜

받는 방법이 무엇일까? 성경통독을 해볼까? 하여 성경통독인도 자료를 구입하여 보았습니다. 그러나 좀 여의치 않았습니다. 그런데 제작년에 한국에 가보니 기독교서점마다 성경쓰기노트와 볼펜 등 각종 성경쓰기 자료들이 진열해놓은 것을 보았습니다.

“아, 요즈음은 이것이 대세구나! 그럼 우리 교회도 하면 좋겠다.” 생각하고 몇 가지 사서 왔습니다. 그리고 잠언 쓰기노트를 원하는 분들에게 나누어드렸습니다. 그런데 별로 신통치 않았습니다. 그런데 제 아내가 잠언을 쓰면서 그 어려운 갱년기를 슬기롭게 이겨나가면서 신구약성경을 다 쓴 것입니다. 그리고 나니 “야, 이것이구나!” 하는 생각이 들었습니다. 그래서 올해부터 신약성경쓰기를 시작한 것입니다. 그런데 3월 중순에 코로나19가 펜데믹이 되면서 잠시 예배를 드리지 못하게 되자 집에서 성경쓰기를 계속하게 된 것입니다.

성경통신대학은 성경통신대학 대로 하고 성경을 쓰는 분들은 성경을 쓰고 하여 이 어려운 코로나19 상황을 이겨나가고 있는 것입니다. 이 모든 것이 앞서가시는 우리 예수님이 우리를 인도하신 결과입니다. 그렇습니다. 예수님은 늘 우리를 앞서 가시며 새로운 살 길을 열어 주십니다. 오늘도 믿음으로 앞서가신 예수님을 따라 가길 원합니다. 샬롬 샬롬!!

—2020년 10월 18일 주일 주보 칼럼 ‘코로나19 중에도②’

그렇습니다. 코로나19 이 초유의 사태 속에서 우리 각자의 신앙이 자라나고 우리 교회를 부흥하게 하는 데에 결정적인 역할을 한 것이 바로 신약성경쓰기였습니다. 어느 주일엔가 한 집사님이 “이런 말을 하기가 송구스럽지만 목사님, 목사님 설교가 이전보다 더 좋아졌어요. 요즈음 목사님 설교를 통해서 은혜 많이 받아요."하는 것입니다. 그래서 제가 대답했습니다. "그것은 제가 성경을 쓰기 때문입니다." 2020년 코로나19를 이기고 우리 각자의 신앙에 자라는 데에 하나님께서 우리 교회에 특별하게 선물로 주신 것이 바로 신약성경을 쓰는 것입니다. 2021년 내년에는 구약성경 앞부분을 2022년에는 구약성경 뒷부분을 계속해서 써나갈 것입니다.

이 글을 읽는 독자들도 성경 쓰기를 강력히 추천합니다. 신약성경부터 시편 잠언 구약성경 순으로 성경을 매일 한두 장 쓰시기를 권합니다.

2020년 '신약성경 쓰기반'을 수료하신 분은 16분입니다. 김수예 권사님, 김옥현 집사님, 김정옥 권사님, 문문심 권사님, 방정임 권사님, 변안임 선교사님, 서숙자 권사님, 신 철 장로님, 오세월 권사님, 원은수 집사님, 이길자 집사님, 정성환 목사님, 정예샘 성도님, 정현인 사모님, 조민자 권사님, 조은자 권사님입니다. '쉬운신약성경반'도 5분이 수료하셨습니다. 김경자 성도님, 김애경 집사님, 김지선 집사님, 유갑여 집사님, 킴블리 집사님입니다. 'EM Basic NT 반'도 Amber McCallar(부군은 Scott McCalla이며, 아들 Caleb까지 교회에 출석하는 미국인 가정입니다.), Morton Hughes, Russel Valley 3분입니다. 모두 24분입니다. 어린아이들과 청소년들을 제외하고 성인 교인의 절반이 성경통신대학을 수료하신 것입니다.

성경을 쓰는 것은

성경을 쓰는 것은 말씀이 육신이 되어 우리 가운데 거하시는 예수님을 직접 만나는 길입니다. 특별 계시인 하나님의 말씀을 쓰는 것 자체가 하나님께 영광을 돌려드리는 것이요, 하나님의 은혜와 진리 가운데 거하는 것입니다.

성경을 쓰는 동안만은 죄를 짓지는 않을 것입니다. 성경 말씀을 통하여 하나님과 접속되기 때문입니다. 성경을 쓰면 성경의 일점일획이 마음에 와 닿아 심령을 관통하는 것을 느낍니다. 말씀이 살아서 나의 관절과 골수를 쪼개고, 하나님이 얼마나 크신 분인지, 예수님이 얼마나 존귀하신 분인지, 성령님이 얼마나 보배로우신 분인지를 알게 합니다. PBS를 통하여 성경의 한 단락을 파고 들어가 묵상하는 QT를 오랫동안 해왔습니다. 그것을 통하여 제가 범한 오류 가운데 가장 큰 것은 부족하여 말씀을 나의 입맛에 맞게 요리하는 것이었습니다. 내가 요리한 것으로 설교하는 우를 범하였습니다.

그러나 이제는 말씀을 말씀 그대로 받습니다. 성경의 단어가, 성경의 이야기가, 성경의 내용이, 성경의 메시지가 나의 심령을 관통하여 하나님의 말씀의 진수를 맛보게 하는 것입니다. 은혜와 진리를 깨닫게 하는 것입니다. 한국 교회 아니, 미국 교회, 전 세계 교회의 교우들이 성경을 쓰면 좋겠습니다. 다시 한 번 성경쓰기를 권합니다.

성경을 쓰면서 주님과 교제하게 됩니다. 나는 특별한 사람이 아닙니다. 그러나 특별하신 하나님의 말씀이 나를 격려합니다. 응원합니다. 죄를 깨닫게 합니다. 세워줍니다. 인도하여주십니다. 돌보아주는 것입니다. 존귀하신 주님 때문에 내가 귀하게 되는 것입니다. 하나님 덕택으로 내가 살게 되는 것입니다. 크신 하나님 덕택에 좁은 나의 마음을 넓힐 수 있습니다. 보배로우신 성령님 때문에 나의 심령에 기름부음이 있는 것입니다.

성경 대한민국을 꿈꾸며

21세기 현대판 '팔만대장경'(?)

우리 조상들은 11세기 고려 고종과 현종, 선종 때에 거란족이나 몽고족 등 외적의 침입을 물리치고자 팔만대장경을 만들었다고 합니다. 중고등학교 때에 "호국불교, 나라를 지키기 위해 팔만대장경을 만들었다."고 하는 것을 배우면서 좀 의아하게 생각했습니다. 나라를 지키려면 군사력을 키워서 거란이나 몽고를 몰아내야지 팔만대장경을 만드는 것이 어찌 나라를 지키는 일인가 하는 의문이 있었습니다.

그런데 지금에 와서 좀 생각해보니 나라를 지키기 위해 팔만대장경을 만든다는 것이 좀 이해가 되는 면도 있습니다. 고려는 불교

국가였습니다. 불경은 당시 고려인의 마음의 가장 큰 가르침이었습니다. 신실한 고려인의 마음의 중심에 불심이 있었습니다. 당시 고려도 지금 대한민국과 같은 처지에 있었을 것입니다. 중국이라는 대국이 있고 거란족이나 몽고족이라는 무력이 강한 나라들 가운데 고려가 있었던 것입니다. 고려가 중국과 전쟁을 해서는 승산이 없다는 것을 잘 압니다. 거란족은 몰라도 몽고족의 무력 앞에는 굴복하지 않을 수 없었습니다. 아마도 고려인들은 '중국이나 몽고의 무력 앞에 어찌 할 수 없어서 굴복하지만 우리 마음속에 있는 불심은 너희가 결코 꺾을 수 없다.'하는 마음으로 팔만대장경을 만들지 않았나 생각해봅니다.

지금도 마찬가지입니다. 대한민국이라는 나라는 주위에 미국 중국 일본 러시아와 같은 강대국들 사이에 있습니다. 저들과 무력으로 붙어서 승산이 없습니다. 경제 전쟁에서도 지금은 밀리고 있습니다. 이것이 현실입니다. 그러나 현재 우리 한국인들에게 가장 큰 가르침을 주는 정신적인 지주는 무엇입니까? 성경입니다. 제가 기독교인이라고 하여 그러는 것이 아닙니다. 불경의 고려 시대는 지나갔습니다. 유교 경전의 조선시대도 지나갔습니다. 지금은 성경의 시대입니다. 불신자의 가정에도 성경책 한 권 정도는 다 있을 것입니다. 읽든지 읽지 않든지 있을 것입니다.

우리 대한민국이 강대국과의 무력 전쟁에서 경제 전쟁에서 싸워서는 크게 승산이 없습니다. 이것이 현실입니다. 그렇다고 군사력을 경제력을 키우지 말자는 것은 아닙니다. 군사력도 경제력도 키워나가야 합니다. 그러나 저들과 싸워서 이길 수 있는 길이 하나 있는데 그것은 성경의 가르침대로 사는 길입니다. 하나님의 말씀대로 사는 것입니다. 하나님의 말씀대로 사는 사람과 나라를 그 누가 건드릴 수 있겠습니까! 이스라엘이 하나님의 말씀대로 살았을 때에는 자유민으로 살았습니다. 그러나 그들이 하나님의 말씀을 떠나 우상을 섬겼을 때에 그들은 바빌론의 노예가 되고 로마의 속국이 되었습니다. 이것이 이스라엘의 역사입니다.

성경 대한민국- 성경쓰기로

우리 대한민국이 사는 길은 지금 현재, 아니 언제나, 가장 큰 가르침인 성경의 말씀대로 사는 것입니다. '성경 한국'이라고 하기엔 대한민국이 부족한 것이 너무나 많습니다. 그러나 '성경의 대한민국'이 되었으면 좋겠습니다. 그런데 기독교인이라고 자부하는 그리스도인들이 성경말씀대로 살지 않고, 세상의 철학이나 풍조를 따라 살아간다면 아무런 소망이 없는 것입니다.

우리 그리스도인부터 성경말씀을 따라 살아야 하는 것입니다. 고려인들이 불심으로 팔만대장경을 새기면서 자신을 이기고 외세를 극복하려고 했던 것과 같이 우리가 성경을 쓰면서 내 자신을 고치고 살리고 주변 강대국들의 무력과 경제력에 굴복하지 말고 하나님의 가장 큰 가르침 사랑의 이중계명으로 이겨나가는 '성경 대한민국'을 꿈꾸는 것입니다.

성경을 쓰는 것은 현대판 팔만대장경을 만드는 것과 견줄 수 있을 것입니다. 아니 그 이상의 것입니다. 고려는 불경의 가르침으로 외세를 막아보려고 하였지만 결국 위하도 회군, 쿠데타로 멸망하고 말았습니다. 조선은 유교로 나라를 새롭게 시작하였지만 서로 당파 싸움하다가 세상이 돌아가는 것을 모르고 결국 힘을 잃고 외세에 굴복하고 말았습니다.

TV 뉴스거리가 된 한국교회여

이제 우리 한국에 남아 있는 마지막 가장 큰 가르침은 성경입니다. 하나님의 말씀입니다. 기독교인이 먼저 성경을 사랑하고 쓰고 공부하고 암송하고 이 말씀대로 가르치고 살아야 할 것입니다. 성경의 말씀대로 살지 못하니까 불신자들이 교회를 걱정하는 형국에까지 이르게 된 것입니다. 이것은 너무나도 부끄러운 현실입니다. '제일사랑교회'라는 이름으로 나라를 어지럽히고, 자신들의 재산 챙기기에 급급한 것입니다. 이런 저런 술수로 아들에게 세습하는 '명성왕교회'입니다. 아들 사위 혹은 변칙 세습을 서슴지 않는 것입니다. 이웃을 돌아보기는커녕 이권을 챙기기에 싸우고, 교회의 권력을 세습하기에 급급한 것입니다.

TV 뉴스거리가 된 한국 교회여, 우리 그리스도인들은 다시 정신을 차리고 깨어 일어나야 할 때입니다. "회개하라. 천국이 가까웠느니라." 주님의 말씀을 바로 듣고 회개하고 이 땅에 하나님 나라가 임하도록 최선을 다해야 할 것입니다. 우리 그리스도인이 먼저 성경을 바로 배우고 그 말씀을 따라 바로 살아야 하는 것입니다.

"복이 있는 사람은 악인들의 꾀를 따르지 아니하며 죄인들의 길에 서지 아니하며 오만한 자의 자리에 앉지 아니하고 오직 여호와의 율법을 즐거워하여 그의 율법을 주야로 묵상하는도다." (시편1:1,2)

그리스도인이 아닌 분들에게도 권합니다.

기독교인이 아니라도 성경을 가르침을 배우고 그 말씀대로 살려고 하는 사람이 남한에 북한에 많이 일어나도록 소원합니다. 뿐만 아니라 코리안 디아스포라 세계 곳곳에 흩어져 사는 우리 한인들이 성경의 가르침을 배우고 순종함으로 자신을 이기고 세상이 감당할 수 없는 사람으로 세워지길 소원하는 것입니다. 성경을 읽는 것도 좋지만 쓰는 것이 더 좋습니다. 하나님의 창작물을 미물보다 못한 내가 인간이 쓴다는 것이 얼마나 영광스러운 일입니까.

한국은 문맹율이 1%에 불과합니다. 참고로 북한은 0%라고 합니다. 99% 대부분의 한국인들은 한글을 읽고 쓸 줄 압니다. 세종대왕께서 읽기도 쉽고 쓰기도 쉬운 가장 훌륭한 문자인 한글을 창제하셔서 우리 한국은 문해율이 높은 나라가 되었습니다. 한글을 읽고 쓸 줄 아는 분들에게 권합니다. 이 시대에 가장 큰 가르침 아니 인류 역사를 통틀어 가장 위대한 가르침인 성경을 가장 훌륭한 문자 한글로 쓰고 그 말씀을 배우고 그 말씀대로 살아가서 진리 안에서 진정한 자유를 누리시기 바랍니다.

2020년을 마감하며

코스모스야, 너는

우리 교회 주차장 앞마당에 삼 년 전에 경동시장 좌판에서 사온 코스모스 씨앗을 뿌려놓았습니다. 따로 손을 보지 않아도 그냥 떨어진 씨앗에서 코스모스가 매년 눈으로 셀 만큼 몇 그루 피어났습니다. 그런데 올해는 코로나19에도 불구하고 여러 그루가 잔잔하게 피어나고, 제법 큰 서너 그루가 꼭 나무 같이 자라 꽃을 피워서 마냥 행복했습니다.

그런데 허리케인 셀리로 그것이 뽑혔습니다. 그래서 땅을 파고 다시 심어놓았더니 꽃이 만발하였습니다. 너무 좋았습니다. 그리고 이내 갈바람에 말라 죽어가는 것을 보고 몇 자 적었습니다.

코스모스야, 너는

가을 따가운 뙤약볕 아래
서늘한 바람에 가녀린 몸으로
춤추는 너는
연분홍 하이얀 화관을 쓰고
웃으며 살아 춤을 추는 구나
거센 허리케인 셀리에게
뽑혔다가 다시 심겨지고
화씨 백도의 강렬한 햇빛
아래서도 타지 않고 살아남아
춤추는 너는
찬란하게 아름답구나..

가을 찬 바람에
머지않아 미이라가 되어
새까만 시체로 남아 춤을 멈추겠지만

너의 생명이 흩어져 내년 봄
다시 고개를 내밀고
다시 솟아올라 찬란하게 피어나
다시 춤출 너를
기대하며 미소지어 보낸다.

2020년 코로나19 중에도 임직식을 거행하다.

한국 교회가 잠시 대면 예배를 드리다가 연일 예배를 드리지 못하고 온라인으로 예배를 드린다는 안타까운 소식을 들으면서 그래도 예배당이 좁지만 1,2,3부로 나누어 예배를 드리는 것 자체가 감사한 일입니다. 4월 중에 계획한 동역자 김동일 목사님을 모시고 하려고 했던 말씀 사경회는 자동 취소되었습니다. 케냐 선교지 방문도 당분간 하지 않기로 하였습니다. 그러나 2020년 5월 31일 주일 이후 계속 주일 예배를 드림으로 코로나19 중에서도 11월 15일 신 철 시무장로, 조민자, 문문심, 방정임 시무권사 임직식을 하기로 하였습니다.

9월 21일 월요일 줌으로 열린 KAPC 동남부노회에서 신 철 장로님이 장로고시 합격증서를 받음으로 11월 15일 주일 오후 3시 시무장로 시무권사 임직식을 코로나19 중에서도 거행하게 되었습니다. 임직자들 각자에게 손님을 5명 미만으로 초청할 것을 당부하였습니다. 1,2,3부 예배 중에 축하 동영상으로 틀고, 임직식 선물도 모두 나누어드리면서 축하하였습니다. 그리고 꼭 참석하길 원하는 교우들만 참석하도록 하였습니다.

1,2,3부 예배를 모두 드리고 오후 3시 임직식이 시간에 맞혀 거행되었습니다. 축하 손님들도 소수가 참석하시고, 교우들도 원하시는 분들만 오셨습니다. 반석밴드가 찬양을 인도하고 특별 연주까지 훌륭하게 하여 은혜를 끼쳤습니다. 지난번 2017년 3월 18일

토요일 헌당예배와 임직식 때에는 피아노 반주와 특주를 외부에서 초청하여 하였는데, 이번에는 우리 교우로 구성된 반석 밴드가 연주하여 감동을 더 하였습니다. 김수예 권사님이 '그 크신 하나님의 사랑'으로 헌금송을 은혜롭게 하시고, 오세월 권사님이 헌금 기도를 간략하게 잘 하셨습니다.

시찰회에서 멤피스제일장로교회 원로목사님이 되신 김승기 목사님이 오셔서 설교해 주시고, 고시부에서는 서기 권혁기 목사님이 오셔서 권면하시고, 임원회에서는 서기 이승로 목사님이 오셔서 기도해 주셨습니다. 우리 교회와 가장 가까운 앨라배마 몽고메리에서 목회하시는 김명진 목사님 축사하시고, 우리 교회를 사랑하시어 늘 기도하시는 애틀랜타 로뎀교회 최진묵 목사님께서 영어로 축사하시고 축도해 주심으로 임직식 순서를 잘 마쳤습니다.

가까운 몽고메리에서, 멀리 애틀랜타에서 여기까지 오셔서 축하해주신 모든 목사님에게 감사드립니다. 그리고 고 윤경구 목사님 사모님 윤수지 사모님이 오시려고 하다시다가 의사의 만류로 오지 못하셔서 못내 아쉬웠습니다. 임직자들 모두 충성을 다짐하고, 모든 교우들이 기뻐하며 진심으로 축하하였습니다.

모든 순서를 마치고 백현희 권사님께서 아리랑 식당에서 만찬을 베풀어주셨습니다. 지난 번 행사에도 섬기셨는데 이번 행사까지 이렇게 감당해주시니 그저 감사할 따름입니다. 아리랑 식당 요리사 제니퍼김 성도님이 동생 성희 자매님과 함께 맛있는 음식을 풍성하게 마련하여 주셔서 또한 감사드립니다. 먹고 싸가지고 갈 만큼 풍성하게 마련하여 주셨습니다.

오신 손님들, 목사님들, 모든 성도님들이 함께 하나님의 은혜와 사랑을 나누는 축복의 자리가 되었습니다. 새생명한인교회는 창립 15년 만에 시무장로를 세우고 명실 공히 '조직교회'가 된 것입니다.

코로나19에도 불구하고 1,2,3부로 예배를 드리며 오늘 오후 3시 신철 장로님 조민자 문문심 방정임 권사님의 임직식을 허락하신 하나님 앞에 감사와 찬송과 영광을 드립니다. 우리가 주님의 교회에서 일꾼이 되기를 원하는 것은 예수님의 이름으로 선한 일을 하기 위함입니다. 나의 이름을 내고 내 개인의 명예를 내기보다는 예수님의 이름으로 복음을 전하며 선한 일을 하기 위함입니다. 요한계시록에 보면 천상의 이십사 장로는 엎드려 하나님을 경배하고 지상의 주님의 종들은 주님의 말씀을 전하는 심부름꾼으로 충성하는 것을 볼 수 있습니다. 아무쪼록 겸손히 엎드려 신실하게 섬기는 장로님과 권사님들이 되시길 축복합니다. "네가 죽도록 충성하라 그리하면 내가 생명의 관을 네게 주리라 귀 있는 자는 성령이 교회들에게 하시는 말씀을 들을지어다."(계2:10,11)

2017년 3월 이 건물을 주님의 집으로 헌당하고 4분의 권사님을 세우고 오늘 이렇게 1분의 장로님 3분의 권사님들을 세워서 우리 교회는 조직교회가 되었습니다. 앞으로 주님의 몸된 새생명한인교회를 위하여 충성하는 서리집사, 안수집사. 권사. 장로들이 계속 세워질 것을 기대하며 기도하고 이 지역에 은혜와 축복의 통로가 되길 원합니다. 직접 오셔서 축복해 주시는 목사님들 사모님들 성도님들 가족 친구 이웃 모든 분들에게 감사드립니다. 화환과 마스크 축하 메시지를 보내 주신 교회와 집사님 목사님 가족에게 감사합니다. 어제 송편을 만들고 선물을 준비하고 찬양을 준비하며 오늘도 섬기실 모든 주님의 일꾼들이 하늘의 보석처럼 빛나는 섬김과 행사가 되길 축복합니다. 샬롬 샬롬!!

—2020년 11월 15일 주일 주보 칼럼 '시무장로 시무권사 임직식 '

생명한인교회가 앞서 가시는 주님을 바라 보며 1,2,3부 예배를 드리며, 지난 주일에는 오후 3시 시무장로 시무권사 임직식을 하나님의 은혜와 여러 분들의 축복 가운데 마치게 됨을 성삼위 하나님 께 감사와 찬송과 영광을 드립니다. '당신 지금 뭐하고 있는거야' 책을 보내주신 윤수지 사모님과 토요일 축하금을 보내주신 그린스보로 교회와 한일철 목사님에게 감사드립니다.

생각지도 못하게 다움커뮤니티교회 김명진 목사님 부부께서 떡을 해 오셔서 나누게 되어 고맙고 감사했습니다. 지난 노회 때에 가서 윤수지 사모님을 잠깐 뵈었는데 코로나19 가운데서도 부흥 한다는 교회는 처음 들어본다고 하였습니다. 그저 감사할 따름입니다. 올해 새가족이 3가정이 와서 올해 연말에는 한 구역이 더 생길 것입니다. 보통 한국교회는 눈에 뜨이게 출석률이 떨어졌다고 합니다. 이런 때일수록 우리는 움츠러들지 말아야 합니다. 오히려 독수리 날개 펴고 높이 비상해야 할 것입니다. 구역도 여전도회도 EM 사역도 선교사역도 복음 사역도 작아지면 안 됩니다. 가데스 바네아에서 12정탐꾼 중에 10명이 스스로 작아져서 메뚜기가 되었지만 우리는 갈렙과 여호수아와 같이 그들은 우리의 밥이라 하며 우뚝 서서 하나님 나라를 증거해야 할 것입니다. 2020년 추수감사절입니다. 움츠러들지 말고 믿음으로 우뚝 서서 독수리 날개 활짝 펴고 감사합시다. 감사합니다. 사랑합니다. 축복합니다. 샬롬 샬롬!!

—2020년 11월 22일 주일 주보 칼럼, '코로나19 중에도③'

작은 것들을 나눔으로

11월 22일 추수감사주일은 그래서 더 기쁘고 감사하였습니다. 임직자 네 분을 비롯하여 모든 성도들이 풍성한 감사로 하나님께 영광을 돌려드렸습니다. 케냐 다미닉 선교사님께 선교비 1,000불을 더 보내드렸습니다. 새신자로 이루어진 개척교회인 올랜도 교회에 매달 보내는 것 이외에 지난 번 1,000불을 보내드렸는데 이번에 2,000불을 더 보내드렸습니다. 지극히 작은 것이지만 주님의 손에 들려져서 주님의 큰 사랑으로 나타나길 기도할 따름입니다.

코로나19 가운데서도 새생명한인교회를 부흥하게 하시는 성삼위 하나님께 감사와 찬송과 영광을 드립니다. 예배당이 좁은 지라 1,2,3

부로 나누어 예배를 드리지만 그래서도 주의 전에 오르는 여러분 한 분 한 분은 주님 앞에 아름다운 꽃들입니다. 해바라기 코스모스 국화 … 제철에 제각기 어느 하나 아름답지 아니한 것이 없습니다. 교회는 같은 믿음에 각기 다른 은사와 직분을 가진 성도들의 모임입니다. 그리하여 서로 어울려 선한 일을 하며 주님 앞에는 영광이 되고 서로 기쁨이 되는 아름다운 꽃동산이 되길 원하는 것입니다. 이 동산에서 케냐와 올랜도교회에 특별 선교헌금을 보내기로 하였습니다. 새신자로 구성된 올랜도교회는 온라인으로 열심히 모이지만 재정적으로 아주 어려운 상태에 있습니다. 김 목사님 가정의 한 달 생활비에 모자라지만 작은 것을 나누는 것입니다. 케냐 나이로비와 세인트 마리아의 고아들을 먹이는 일과 어린이를 교육하고 성경학교를 위한 도서관이 있는 센터를 마련하는 일 등에 너무나 작은 것이지만 주님의 사랑으로 나누는 것입니다. 아무쪼록 주님의 손에 들려져 오병이어의 기적이 일어나길 기도합니다. 감사합니다. 샬롬 샬롬!!

—2020년 10월 18일 주일 주보 칼럼 '코로나19 중에도①'

"내가 코로나19에 걸리다니"

연수 고모 돌아가시다.

11월 30일 주일 빌 목사님께서 코로나19 의심 증상이 있어서 교회에 나오지 못하였습니다. 어제는 주일 준비에다 몇 가지 일이 겹쳐서 아주 힘이 들었습니다. 밤 12시가 다 되어 집에 들어갔습니다. 아침에 한두 가지 처리할 일이 있어서 주일 아침 일찍 교회에 나왔습니다. 2부 예배 후에 2021년 서리집사 교육이 있기도 합니다. 그런데 1부 예배를 마치고 한국에 누나에게 카톡이 왔습니다. 요양병원에 계신 둘째 고모가 돌아가셨다는 것입니다. 순간 한쪽 눈을 보지 못하는 고모의 얼굴이 떠올랐습니다. 재작년 한국에 갔을 때 요양병원에 계신 고모를 뵙고 복음을 전하고 왔습니다. 그 때가 마지막이었습니다.

초등학교 2학년에서 3학년 올라가는 그 겨울, 저는 강원도 태백 철암초등학교 윗동네 북동에서 살았습니다. 그 해 엄동설한에 할아버지가 설날 전날 돌아가셨습니다. 그리고 당시 간암으로 투병하시던 아버지마저 한 달 만에 돌아가셨습니다. 할아버지, 아버지께서 한 달 상간에 돌아가신 것이었습니다. 천붕지통(天崩之痛)의 고통이었습니다. 그 때 저는 울고 또 울었습니다. 아마 평생 울 것을 그 때 다 울었던 것 같습니다. 당시 9살 "지나치게 행복했던 사람이 아니라면, 아홉 살은 세상을 느낄만한 나이다." 소설의 한 구절이 생각납니다. 그것이 바로 나의 9살 인생이었습니다.

그 해 초여름 이모부의 양조장 트럭에다 이삿짐을 싣고 외삼촌이 사는 고한으로 이사를 하였습니다. 오전에 출발하였는데 트럭이 중간에 고장이 나 정비소에 들러 고치다 보니 밤 9시가 넘어 도

착하였습니다. 짐을 풀지도 못하고 그 밤에 외삼촌 집에서 자고 그 다음날 짐을 풀었습니다. 그리고 그 날 저녁에 오늘 돌아가신 연수 고모집에서 저녁식사를 하였습니다. 고한에 사는 친척들이 다 모였습니다. 김치를 넣고 고등어 찜을 하고, 전도 붙이고 이것저것 여러 가지 음식을 하였던 것 같습니다. 맛있게 먹고 어른들이 이런 저런 이야기를 하는데 나는 연수 고모 무르팍에 앉아있었습니다. 그 때 고모가 한 말이 지금도 생생하게 기억이 납니다. "애비도 없는 이 놈들, 불쌍해서 어떻게 하나? 불쌍해서 어떻게 하나?" 그 큰 눈에 눈물을 글썽이며 하신 말입니다. 그 고모가 오늘 84세로 돌아가신 것입니다. 눈물이 핑 돌았습니다.

몸이 좋지 않았습니다. 1,2,3부 예배에다 서리집사 교육까지 하고 쉬지 못하고, 너무 힘이 들어 집에 들어와 쉬었습니다. 몸살 기운이었습니다. 콧물이 좀 나는 영락없는 감기였습니다. 그런데 아들 다울이가 "아빠, 내일 꼭 코로나19 검사 해보세요." 강력하게 권유하는 것입니다. 냄새를 못 맡는 것도 아니고 입맛이 없지도 않았습니다. 다만 뭘 먹는데 조금밖에 못 먹는 것입니다. 저는 감기 몸살로 확신하고 다음 날 오전 병원에 갔습니다. 의사도 감기약을 처방해주면서 코로나19 검사를 권하지 않았습니다. 그러나 아들 다울이의 강력한 권유가 생각이 나 코로나19 검사를 받겠다고 하고 예약하였습니다.

아! 내가 코로나19에 다 걸리다니

다음날 아침 일찍 병원 주차장 바깥 한 쪽에서 추위에 떨며 기다리는 의료진에게 검사를 받았습니다. 이 추위에 새파랗게 얼어서 수고하시는 의료진에게 감사하기도 하고 미안하기도 하였습니다. 결과는 내일이나 모레 나온다는 것입니다. 집에서 격리하고 있으라는 통고를 받고 집으로 돌아왔습니다. 그런데 감기 증상이 점점 더 심해지기 시작하였습니다. 입맛이 없어 먹는 것이 좀 힘들었습니다. 이젠 기침도 좀 나기 시작하였습니다.

그 다음날 결과는 나오지 않았습니다. 목요일 마침내 결과가 나왔습니다. 코로나19 양성이라는 것입니다. "아 내가 코로나19에 다 걸리다니!" 기침이 점점 심해졌습니다. 그 주 목요일에는 기침이 너무 심해졌습니다. 기침을 참을 수 없었습니다. 기침을 한 번 하게 되면 온 몸이 통으로 울리는 고통이었습니다. 옆으로 누우면 더 나고 바로 누우면 좀 덜하였습니다. 몸무게가 빠지기 시작하였습니다. 80kg을 육박하던 몸무게가 7kg이나 빠졌습니다. 그것도 몇 일만에, 그 날 밤에는 잠을 잘 수가 없었습니다. 그래서 한국의 식구들과 카톡으로 인사를 나누었습니다.

조카 주혜, 지금은 결혼하여 두 아들의 엄마가 된 주혜 메시지가 특히 고마웠습니다. "삼촌 코로나 언능 낫길 기도할께요!!! 예수의 이름으로 다 치유되리라!!" "아-멘!" 예쁘고 착한 주혜가 벌써 결혼하여 남편을 섬기고 두 아들을 잘 기르는 것을 보니 대견하고 무엇보다도 교회 집사가 되어 신앙생활을 잘 하니 감사할 따름입니다.

막내 연숙이 고모와 누나는 미국에서 그렇게 고생하지 말고, 한국에 들어와 치료 받으면 어떻겠느냐고 염려하고 기도해 주었습니다. 맛있는 것 사 먹으라고 어려운 중에 돈까지 보내왔습니다. 코로나19 확진 판정 받고 우리 교우들과 여러 분들이 기도해 주시고, 염려해 주시고, 국을 끓여다 주시고, 음식에다 과일에다, 홍삼액, 도라지즙, 월남국수까지 심지어 기침약까지 사다 주신 한 분 한 분에게 진심으로 감사드립니다.

그 목요일 밤 새벽까지 자지 못하다가 좀 심해지면 응급실에 가야지 하다가 '힐링코드'를 하고 마침내 잠을 이룰 수 있었습니다. 매일 하루에 한 두 번 '힐링코드'를 합니다. 좀 자고 일어나니 여전히 기침과 고통은 심하였지만 응급실에 갈 정도는 아니었습니다. 응급실에 가 봐야 할 수 있는 것이 한정되어 있고, 나까지 가서 의료진들과 봉사자들의 짐이 되고 싶지 않았습니다. 화요일 아침 코로나19 검사 받을 때에 그 새벽 추위에 떨고 있던 의료진들 생각하면 그저 미안하고 감사할 따름입니다. 전 세계 수많은 의료진들과 봉사자들에게 감사드립니다. 코로나19 최전선에서 자신의 생명을 내어놓고, 다른 사람들의 생명을 돌보는 그들이야 말로 이 시대에 진정한 영웅이고 의인들입니다. 감사합니다.

12월 1,2주 예배 중단되었으나, 성탄주일 다시 대면예배를 드리다.

EM 빌 목사님도 코로나 양성이었습니다. 그러나 증세는 그리 심하지 않다고 하시니 다행입니다. 목사 둘이 다 양성이니 주일 대면 예배를 드릴 수 없었습니다. 권사님들과 장로님과 전화 메시지로 의견을 나누고, 모든 교우들에게 메시지로 연락했습니다. 이번 주일은 주보와 설교문을 사진으로 찍어서 메시지로 전달하니 집에서 가정 예배를 드리라고 연락하였습니다. 그래서 결국 12월 첫 주일과 둘째 주일은 대면예배를 드리지 못하게 되었습니다.

다행스럽게도 빌 목사님께서 회복되셨습니다. 빌 목사님의 증상이 나타난 지 한 달이 지났습니다. 저도 증상이 나타난 지 보름이 지나 보건당국에서는 마스크 쓰고 간단한 외출은 할 수 있다는 통고를 받았습니다. 그리하여 12월 20일 성탄 주일에 다시 대면 예배를 드릴 수 있게 되었습니다. "목사님께서 음성 판정 받기 전에는 교회 출석할 수 없습니다."는 교우들이 몇 분 계셨지만, 그 중에 한 집사님은 마음을 바꾸고 주일 예배에 참석하셨습니다.

제 경험에 의하면 코로나19는 코로나19에 막 걸린 사람과 함께 차를 타고 오가며 이야기를 한다거나, 식당 같은 곳에서 마스크를 벗고 함께 식사하면서 이야기하는 것으로 걸리는 것 같습니다. 그러나 방역 수칙을 지키면서 마스크 쓰고 거리를 두고 예배를 드리는 자리에서는 거의 걸리지 않는다는 것이 저의 생각입니다. 미국이나 한국이나 어느 곳에나 집단 면역이 생기기 전에는 마스크를 쓰고, 백신을 맞으며, 조심하고 또 조심해야겠습니다.

코로나19의 감염으로 인하여 두 주간 대면 예배를 드리지 못하였습니다. 오늘 성탄 주일 다시 예배를 드리게 되어 하나님 앞에 감사 찬양 드립니다. 빌 목사님께서는 증상이 나타난 지 이미 한 달이 다 되어갑니다. 지난 주 재검사를 했는데 양성이 나왔습니다. 보건당국에서 말하기를 이제는 다시 검사 받지 않아도 된다며 정상적인 활동을 해도 무방하다는 통고를 받았습니다. 루카스는 이미 지지난 월요일부터 학교에 다니고 있고, 조은자 집사님도 지난 월요일부터 일을 하고 있습니다. 조민자 권사님을 내일 월요일부터 일을 하실 것입니다. 저는 이제 기침도 머지고 몸도 다시 회복되었습니다. 지난 화요일엔 2021년 달력과 성경쓰기노트를 가지러 애틀랜타에 잘 다녀왔습니다. 지난 목요일 재 검사를 받고 결과를 기다리고 있습니다. 저도 증상이 나타난 지 이미 21일이 지났습니다.

보건당국은 말합니다. 14일이 지나면 전염력이 높지 않아서 마스크를 쓰고 간단한 외출을 할 수 있다고 합니다. 21일이 지나면 정상적인 활동을 해도 무방하다고 합니다. 저의 릴리스 날자는 9일이었습니다. 그래도 '3밀'은 피해야 합니다. 밀접! 밀집! 밀폐! 백신 맞고 집단면역이 생기기 전에는 예배 후에 간단한 교제도 삼가야 하겠습니다. 아직은 마스크가 백신 입니다. 주일 예배에 나오고 안 나오고는 여러분의 자유의지에 따라 편하게 선택하시면 됩니다. 혹 주일 예배 나오는 것이 염려되시는 분은 구역장이나 부구역장과 상의하시길 바랍니다. 이 또한 지나가리라! 이제는 코로나19도 그 끝이 보이는 것 같습니다. 그 때까지 믿음으로 승리하시길 축복합니다. 샬롬 샬롬!!

—2020년 12월 20일 성탄주일 주보 칼럼 '코로나19로 인하여④'

새생명한인교회, 우리 교우들이 자랑스럽습니다. 교회가 생활의 중심입니다. 예배를 생명과 같이 여기고 사모합니다. 코로나19 의심 증상이 있으면 조용히 집에서 자가 격리합니다. 그러나 그 증상에서 놓이면 주일 예배를 빠지지 않습니다. 예배를 사모합니다. 말씀을 사랑합니다. 애틀랜타 생명의 말씀사 여주인 집사님에게 물어보았습니다. "성경쓰기노트를 17권 구입한 교회가 이 주위에 또 있나요?" 없다는 것입니다. 열권까지 주문한 교회는 보았는데 17권까지는 없다는 것입니다.

성경인생을 다짐한다.

2021년 '성경인생', 성경쓰기는 계속된다.

2021년 새해가 밝았습니다. 작년에 신약성경을 쓰신 분들은 계속하여 구약성경 앞부분을 쓸 것입니다. 새롭게 신구약 성경을 쓰기 시작하는 분이 3분입니다. 백현희 권사님, 유갑여 집사님, 김지선 집사님, 김애순 성도님, 김경자 성도님. 올해는 20여명이 넘게 성경을 쓰며 성경 인생, 말씀 인생, 예수 인생을 살기를 원하는 것입니다. 신년 주일 저녁 한 권사님께서 저에게 "목사님 저도 남은 인생, 매일 성경을 쓰다가 주님 품에 안기겠다고 다짐하였어요." 간증하는 것입니다. 마음도 예쁘고 신앙도 예쁘고 이렇게 마음을 같이 하는 권사님이 계신 것이 행복합니다. 아마도 성경을 쓰는 우리 교우들의 대부분의 간증일 것입니다. 일일이 확인하지 않았지만 그렇게 될 것을 기도하며 소원하는 것입니다.

2021년 새생명한인교회의 표어는 '성경인생'입니다. 주제 성구는 시편 1편 1,2절입니다. 매일 성경을 읽고 듣고 쓰고 암송하고 공부하면서 하나님을 더욱더 가까이 하고 사랑하는 한 해가 되길 소원합니다. 붓끝으로 전하여지는 말씀 사랑의 은혜로 살면서 가족을 사랑하고 이웃을 사랑하며 하나님의 뜻을 이루는 한 해 아니 일평생이 되길 소원하는 것입니다.

2021년 1월 3일 주일 이 날은 주 하나님께서 만드셔서 우리에게 선물로 주신 날입니다. 그냥 우연히 이 날이 된 것이 아닙니다. 그냥 자동적으로 이 날이 온 것도 아닙니다. 하나님께서는 처음에 우주를 창조하시고 시작하신 이래 계속 새로운 날들을 생겨나게 하시어 우리에게 선물로 주신 날입니다. 그러므로 세월을 아끼시길 바랍니다. 우리는 악한 때를 살고 있습니다. 자칫 잘못하면 이 세상의 악한 파도에 휩싸여 세월을 허송하기 십상입니다. 시편 90편 10,12절 하나님의 사람 모세의 기도입니다. "우리의 연수가 칠십이요 강건하면 팔십이라도 그 연수의 자랑은 수고 슬픔뿐이요 신속히 가니 우리가 날아가나이다. 우리에게 우리 날 계수함을 가르치사 지혜로운 마음을 얻게 하소서."

내년이면 60이니 팔구십 아니 백세를 산다고 해도 앞으로 40년 남았네요. 여러분 백 세를 기준으로 계산해 보세요? 앞으로 살 날이 얼마나 남았습니까? 이 남은 인생 어떻게 살고 싶습니까?

저는 2020년 작년은 정말 힘들고 어려운 한 해였습니다. 그러나 그 환란 가운데에 한 가지 다짐한 것이 있습니다. 앞으로 주님 앞에 서는 그 날이 10년일지 20년일지 30년일지 모르지만 그 날까지 매일 성경을 쓰면서 살겠다고 하는 다짐입니다. 말씀을 쓰고 묵상하고 그 말씀대로 준행하다가 주님 품에 안기길 원하는 것입니다. 마귀 인생, 이 세상 인생이 되지 않고, 예수 인생, 말씀 인생, 성경 인생이 되겠다는 다짐입니다. 샬롬 샬롬!!

—2021년 1월 3일 주일 주보 갈럼 '2021년 처음에'

2부

코로나19 중 성경쓰기 붓끝에서 나온 주일 신약 설교문

놀라우신 예수님

(마가복음 16:1-16)

성경 인생

우리는 지금 매우 낯선 상황을 마주하고 있습니다. 독일 메르켈 총리는 2차 세계 대전 이후에 가장 큰 위기라고 하였습니다. 엊그제 트럼프 대통령은 10명 이상 모이지 말라고 권고하기에 이르렀습니다. 전염병으로 주일 예배를 드리지 못하는 상황에까지 이르고 보니 애써 아무렇지도 않은 척 해보려 하지만 마음 깊은 곳에서 우리가 일상적으로 누렸던 주일 모습이 그리움으로 다가옵니다. 우리가 함께 마주 대하며 찬양하고 기도하고 예배하는 것이 얼마나 소중한 것이었는지 돌아보게 됩니다.

마가복음은 놀라운 일로 시작하여 놀라운 일로 맺고 있습니다. 마가복음 1장 27절입니다. "다 놀라 서로 물어 이르되 이는 어찜이냐 권위 있는 새 교훈이로다. 더러운 귀신이 명한즉 순종하는도다. 하더라." 예수님의 놀라운 천국 사역을 보고 들은 사람들은 온 동네가 몰려들고 사방에서 사람들이 예수님에게 나왔습니다. 예수님은 놀라운 분이셨습니다. 그의 가르침은 바리새인들과 서기관들과는 달랐습니다. 새로운 가르침이었습니다. 하나님 나라의 복음이었습니다. 뿐만 아니라 각종 병든 자들을 고치시고 많은 귀신들을 쫓아내셨습니다. 예수님의 말씀은 새로운 복음이요 능력이 있었습니다. 놀라운 일을 경험하실 원하십니까? 놀라운 예수님의 복음을 들으세요. 때가 찾고 하나님의 나라가 가까웠으니 회개하고 복음을 믿으라. 회개하고 복음을 믿으시길 바랍니다. 예수님의 놀라운 권능을 믿으시길 바랍니다.

예수님께서 고향 나사렛에 가셨습니다. 안식일에 회당에서 가르치셨습니다. 이 사람이 받은 지혜와 그 손으로 이루어지는 권능이 어찌 됨이냐! 많은 사람들이 듣고 놀랐습니다. 그러나 그들은 이내 이 사람은 마리아의 아들 목수가 아니냐? 그 형제들과 누이들이 우리와 함께 있지 아니하냐? 하며 예수님을 배척하셨습니다. 그래서 예수님은 거기서 아무 권능도 행하실 수 없었습니다. 그리하여 다만 소수의 병자들만 고치셨습니다. 그리고 그들의 믿지 않음을 이상히 여기셨습니다. 예수님을 믿지 아니하면 아무 권능도 나타날 수 없습니다. 예수님의 놀라운 권능을 믿으시길 바랍니다. 그리하면 놀라운 천국의 권능을 체험하게 될 것입니다.

예수님은 떡 다섯 개와 물고기 두 마리로 장정만 오천 명을 먹이시고 열두 바구니를 거두셨습니다. 바로 그 일 후에 제자들은 배를 타고 건너편으로 가다가 광풍을 만났습니다. 그 바다 위로 예수님이 걸어오셨습니다. 제자들은 예수님을 보고 너무나 놀랐습니다. 안심하라 내니 두려워하지 말라 하시고 배에 올랐습니다. 그러자 바람이 그쳤습니다. 제자들은 마음에 심히 놀랐습니다. 왜 놀랐습니까? 오병이어로 오천 명이나 먹은 것을 깨닫지 못하고 마음이 둔하여졌기 때문입니다. 그렇습니다. 우리는 예수님을 바로 알아야 합니다. 온갖 병자를 고치시고 귀신을 쫓아내신 예수님은 주 그리스도요 하나님의 아들이십니다. 그러기에 오병이어로 오천 명이나 먹이시는 것입니다. 바다 위로 걸어 바람을 잔잔케 하시는 것입니다. 아직도 제자들은 예수님의 진면목을 깨닫지 못하였습니다.

심지어 예수님을 책잡아 죽이려고 하던 바리새인들과 헤롯 당원들도 "가이사의 것은 가이사에게 하나님의 것은 하나님께 바치라" 하시니 매우 놀랐습니다. 그들은 놀랐지만 깨닫지 못했습니다. 그리하여 예수님을 죽이려고 하는 것입니다. 네가 유대인의 왕이냐 빌라도가 물을 때에 예수님은 네 말이 옳도다 간명하게 대답하셨습니다. 대제사장들이 이렇게 많은 것으로 너를 고발하는데 뭐 할 말이 없느냐고 물을 때에 예수님은 아무 대답도 하지 아니하셨습니다. 그때에 빌라도는 놀랍게 여겼습니다. 예수님을 놀랍게 여기긴 하였습니다. 그러나 민란이 일어나려는 것을 보고 예수님을 십자가에 못 박도록 넘겨주었습니다. 놀란다고 깨닫는 것이 아닙니다. 놀랍게 여긴다고 해서 믿는 것이 아닙니다. 바로 보고 깨닫는 자가 복이 있습니다. 바로 듣고 깨닫는 자가 믿는 것입니다. 주 예수님의 복음을 바로 듣고 깨달으시길 바랍니다. 주 예수님이 하신 일을 바로 깨닫고 믿으시길 바랍니다.

정말 놀라운 일은 이것으로 끝이 아닙니다. 정말 놀라운 일이 남아 있습니다. 안식일이 지나고 예수님의 무덤에 향품을 바르러 간 여자들이 한 청년을 보고 놀랍니다. 그러자 그 청년은 놀라지 말라고 안정시킵니다. 이 여인들은 그에게서 상상도 하지 못한 놀라운 소식을 듣습니다. 마가복음 16장 6-7절입니다. “청년이 이르되 놀라지 말라 너희가 십자가에 못 박히신 나사렛 예수를 찾는구나. 그가 살아나셨고 여기 계시지 아니 하니라. 보라 그를 두었던 곳이니라. 가서 그의 제자들과 베드로에게 이르기를 예수께서 너희 보다 먼저 갈릴리로 가시나니 전에 너희에게 말씀하신 대로 너희가 거기서 뵈오리라. 하라 하는지라.”

여자들이 몹시 놀라 떨며 나와 무덤에서 도망하였습니다. 무서워서 아무에게 아무 말도 하지 못하였습니다. 너무나 놀라운 소리를 들으니 그것이 너무나 무서워서 아무에게 아무 말도 하지 못하였습니다. 아무에게 아무 말도 하지 못하던 예수님이 살아났다는 이 놀라운 일이 막달라 마리아에게 일어났습니다. 안식 후 첫날 부활하신 예수님이 친히 막달라 마리아에게 보이신 것입니다. 마리아가 가서 예수와 함께 하던 자들이 슬퍼하고 울고 있는 중에 이 일을 알렸습니다. 그러나 그들은 믿지 아니하였습니다. 예수님의 죽음에 대한 과도한 슬픔과 울음이 정말 놀라운 예수님의 부활을 믿지 못하게 하였던 것입니다.

시골로 가던 두 사람이 부활하신 예수님의 나타나심을 보고 제자들에게 알렸습니다. 그러자 이 역시 믿지 아니하였습니다. 그러자 예수님은 열한 제자가 음식을 먹을 때에 그들에게 나타나셨습니다. 제자들이 얼마나 놀랐겠습니까! 그리고 그들의 믿음 없는 것과 마음이 완악한 것을 꾸짖었습니다. 그 이유가 무엇입니까? 예수님이 살아난 것을 본 자들의 말을 믿지 않았기 때문입니다. 믿을 것을 믿고 알릴 것을 알리는 것은 복입니다. 예수님은 제자들을 믿음 없음을 꾸짖으시고 그들이 알려야 할 것을 일러주십니다. 마가복음 16:15-16입니다. 또 이르시되 너희는 온 천하에 다니며 만민에게 복음을 전파하라 믿고 세례를 받는 사람은 구원을 얻을 것이요 믿지 않는 사람은 정죄를 받으리라." 그렇습니다. 우리는 믿을 것을 믿고 알릴 것을 알리는 복된 자가 되어야 하겠습니다.

말씀을 맺습니다. 예수님의 가르침도 놀라운 권위 있는 새로운 가르침입니다. 온갖 병자들이 낳고 귀신들이 쫓겨나는 것입니다. 오병이어로 오천 명을 먹이고도 남기셨습니다. 물 위를 걸어 바람과 바다를 잔잔케 하셨습니다. 놀라운 일은 이것으로 끝이 아닙니다. 정말 놀라운 것은 하나님의 아들이신 주 예수님이 성경대로 우리 죄를 위하여 십자가에 달려 피 흘려 죽으시고 그것으로 끝이 난 것이 아니라 성경대로 사흘 만에 다시 살아나신 것입니다. 이 놀라운 죄사함과 부활 생명의 복음을 듣고 깨달으시길 바랍니다. 이 놀라운 복음을 깨닫고 믿으시길 바랍니다.

코로나19로 우울함에 빠지기 쉬운 때이지만 놀라우신 예수님으로 인하여 명랑함을 잊지 마시길 바랍니다. 이 또한 지나갈 것입니다. 놀라운 예수 부활을 믿고 예수 복음을 알리시길 바랍니다. 몸은 멀어도 마음만은 가까이 하여 사랑하며 기도하고, 기도하며 사랑하는 우리 모두가 되시길 축복합니다.

—2020년 3월 22일 주일 코로나19로 대면예배를 드리지 못한 첫 번째 주일 설교문, 이것을 복사하여 복사하여 주보에 넣어서 구역장들이 각 구역 식구들에게 전달함

성령의 충만함

(누가복음 3:21-23)

성경
인생

지난 주일 코로나19로 주일 예배를 드리지 못하는 초유의 사태를 맞이하여 주일 예배 시간에 예배당에 앉아 묵상하는데 만감이 교차하였습니다. 건강한 사람에게 코로나는 감기처럼 지나간다는데 이것이 기저질환이 있는 노약자들에게는 아주 치명적이기 때문에 주의해야 합니다. 중국의 경우 40대 이하의 치사율이 1%미만이고, 50대 1.3%, 60대 3.6%, 70대 8%, 특히 80대 이상은 14.8%나 됩니다. 코로나19가 전 세계적으로 유행함으로 모든 것이 올 스톱된 것 같습니다. 그러나 멈출 수 없는 것이 있습니다. 그것은 하나님의 인자하심과 자비하심입니다. 예레미야애가 3장 22-23절입니다. "여호와의 인자와 긍휼이 무궁하시므로 우리가 진멸되지 아니함이니이다. 이것들이 아침마다 새로우니 주의 성실하심이 크시도소이다."

말라기 선지자 이후에 400여 년 동안 하나님은 자기 백성들에게조차 말씀하지 않으셨습니다. 깜깜한 영적인 암흑기였습니다. 그러나 400여년의 침묵을 깨뜨리고 하나님께서는 한 사람 제사장 사가랴에게 천사 가브리엘을 보내 말씀하셨습니다. 그것은 그의 아내 엘리사벳이 아들 요한을 낳을 것이라는 기쁜 소식이었습니다. 그렇게 원하고 바라던 기쁜 소식이었지만 사가랴는 믿을 수 없었습니다. 둘 다 나이 많아 늙었기 때문입니다. 믿지 못하는 그에게 그 증표로 나타난 것은 아이가 태어나기까지는 말 못하는 벙어리가 되는 것이었습니다. 이 후에 아내 엘리사벳은 잉태하였고 사가랴는 벙어리가 되었지만 싱글벙글하며 기쁨으로 지냈을 것입니다. 하나님의 말씀대로 이루어지는 것을 직접 보고 체험하고 있기 때문입니다.

한편 여섯째 달에 천사 가브리엘이 마리아를 찾아가 놀라운 인사를 합니다. 마리아여 무서워하지 말라 네가 하나님의 은혜를 입었느니라. 보라 네가 잉태하여 아들을 낳으리니 그 이름을 예수라 하라. 놀란 마리아는 남자를 알지 못하는 내가 어찌 잉태할 수 있으리이까? 묻습니다. 그러자 네 친족 엘리사벳도 늙어서 아들을 임신하였다 대저 하나님의 모든 말씀은 능하지 못하심이 없다고 일러줍니다. 그 때에 마리아는 주의 여종이오니 말씀대로 내게 이루어지이다. 말씀대로 순종하니 가브리엘이 떠났습니다. 말씀대로 순종하는 것이 믿음입니다. 그 믿음이 처음에는 고통스러울 수가 있습니다. 그러나 지나면 자신을 살리고, 가정을, 나라를 살리는 것입니다. 하나님의 말씀대로 순종하여 생명을 얻고 풍성한 생명을 누리시길 바랍니다.

400여년 동안 전혀 말씀하시지 않던 하나님께서 세 사람 사가랴, 엘리사벳, 마리아에게 말씀하셨습니다. 한 사람도 아닌 세 사람, 이 세 사람의 공통점이 하나 있습니다. 그것이 무엇입니까?

그것은 다름이 아닌 성령의 충만함입니다. 누가복음 1장 35절입니다. "천사가 대답하여 이르되 성령이 네게 임하시고 지극히 높으신 이의 능력이 너를 덮으시리니 이러므로 나실바 거룩한 이는 하나님의 아들이라 일컬어지리라." 마리아는 성령의 능력이 임하여 하나님의 말씀을 순종함으로 예수를 잉태하게 되었습니다. 역사상 전무후무한 일이 성령의 권능을 받은 처녀 마리아에게 나타난 것입니다.

누가복음 1장 41절입니다. 엘리사벳이 마리아가 문안함을 들으매 아이가 복중에서 뛰노는지라 엘리사벳이 성령의 충만함을 받아 42절입니다. 큰 소리로 불어 이르되 여자 중에 네가 복이 있으며 네 태중에 아이도 복이 있도다. 엘리사벳은 성령이 충만하여 자신도 임신하고 마리아와 마리아의 태중에 아이 예수를 축복하였습니다. 하나님의 말씀을 순종하고 성령 충만하면 축복할 자를 축복하게 됩니다. 여러분 주위에 축복할 자를 축복하시길 바랍니다.

누가복음 1장 67절입니다. 그 부친 사가랴가 성령의 충만함을 받아 예언하여 이르되. 사가랴는 성령이 충만하여 요한이 지극히 높으신 이의 선지자로 주의 앞에 앞서 가서 그의 길을 준비하여 주의 백성에게 그 죄사함으로 말미암는 구원을 알게 할 것이라는 예언하였습니다. 그렇습니다. 성령 충만하면 과거과 현재와 미래를 꿰뚫는 예언을 하게 되는 것입니다. 하나님께서 말씀하시는 예언입니다. 이 예언은 과거를 되돌아보고 현재를 바로 인식하게 하며 미래를 내다보는 혜안이 열리게 하는 것입니다. 들을 것을 듣는 귀와 볼 것을 보는 눈이 열리시길 바랍니다.

말씀대로 순종하여 성령의 충만함을 받은 처녀 마리아는 성령의 능력으로 아이 예수를 잉태하였습니다. 엘리사벳도 성령의 충만함으로 마리아와 태중에 아이 예수를 축복하였습니다. 사가랴는 성령의 충만함으로 요한이 주의 길을 예비하고 죄사함의 구원을 예언하였습니다. 그렇습니다. 성령의 충만함으로 사가랴와 엘리사벳, 마리아, 이 세 사람은 하나님의 말씀을 받았습니다. 좋은 소식을 받았습니다. 400여 년 동안 영적인 암흑기를 깨뜨리고 하나님의 말씀이 화산처럼 폭발하였습니다. 성령 충만하여 말씀을 따라 순종하고 예언한 이 세 사람을 통하여 아이 요한이 태어났습니다. 여섯 달 후에는 아기 예수가 탄생한 것입니다. 인류의 역사가 B.C와 A.D로 구분되는 분수령이 되었습니다. 수많은 천군이 천사와 함께 노래하였습니다. "지극히 높은 곳에서는 하나님께 영광이요 땅에서는 하나님이 기뻐하시는 사람들 중에 평화로다."

요한이 누구입니까? 그는 모태로부터 성령의 충만함을 받았습니다. 주 앞에 큰 자로 이스라엘 자손을 하나님에게로 많이 돌아오게 하였습니다. 주 앞에 먼저 와서 주를 위하여 세운 백성을 준비하였습니다. 예수님이 누구입니까? 예수님은 큰 자입니다. 그런데 보통 큰 자가 아닙니다. 지극히 높으신 이의 아들이라 일컬어질 것입니다. 주 하나님께서 그 조상 다윗의 왕위를 그에게 줄 것입니다. 영원히 야곱의 집을 왕으로 다스릴 것입니다. 그 나라가 무궁할 것입니다. 예수님은 주요 그리스도이신 지극히 높으신 하나님의 아들로 이 세상에 오셔서 이 세상 역사를 바꾸어놓았습니다. 이 세상 나라를 몰아내고 하나님의 나라를 가지고 오셨습니다. 예수님이 오심으로 하나님의 나라가 이미 이 세상에 임하였습니다. 현재 하나님의 나라가 자라나고 있습니다. 이제 주님이 다시 오시면 하나님의 나라는 완성이 될 것입니다. 아멘 주 예수여 오시옵소서. 마라나타! 예수님께서 요단 강에서 사람들과 함께 요한에게 세례를 받으시고 기도하실 때에 하늘이 열리고 성령이 비둘기 같은 형체로 예수님 위에 강림하였습니다. 그리고 하늘로부터 나기를 너는 내 사랑하는 아들이라 내가 너를 기뻐하노라 하는 소리가 났습니다.

성도 여러분 하늘이 열리길 원하십니까? 하늘은 오직 하나님의 아들 예수님으로 인하여 열립니다. 하늘 보좌에 계신 예수님을 바라보세요. 하늘을 바라보세요. 위를 바라보세요. 비둘기 같은 형체로 예수님 위에 강림하신 성령으로 충만하게 될 것입니다. 세상 술에 취하지 마시길 바랍니다. 오직 성령으로 충만하시길 바랍니다. 성령 충만하면 하늘로부터 소리를 듣게 됩니다. 하나님의 음성을 듣게 됩니다. 주님이 하신 말씀이 생각납니다. 기록된 하나님의 말씀을 통하여 성령 충만하여 하나님의 소리를 들으시길 바랍니다. 너는 내 사랑하는 아들이라 내가 너를 기뻐하노라. 우리는 다 양 같아서 그릇행하여 하나님을 떠나 하나님의 마음을 아프게 하였지만 오직 예수님으로 인하여 하나님의 기쁨이 되는 것입니다. 오직 예수님으로 인하여 하나님의 사랑을 받게 되는 것입니다. 하나님의 기쁨이 되고 하나님의 사랑이 되시길 바랍니다. 누가복음 4장 1, 2a절입니다. 예수께서 성령의 충만함을 입어 요단 강에서 돌아오사 광야에서 사 십 일 동안 성령에게 이끌리시며 마귀에게 시험을 받으시더라. 그러나 예수님도 성령의 충만함을 입어 기록된 말씀으로 마귀의 시험을 물리치시고 승리하셨습니다.

할렐루야! 성도 여러분 이 어려운 시기에 성령 충만하시길 바랍니다. 하나님의 말씀으로 마귀를 이기고 승리하는 하루하루가 되시길 축복합니다.

—2020년 3월 29일 주일 코로나19로 대면예배를 드리지 못한 두 번째 주일 설교문

천국의 배낭

(누가복음 12:29-34)

성경 인생

다시 사신 예수님으로 인하여 하늘의 영광과 기쁨으로 충만하시길 축복합니다. 사도행전 1장 3절입니다. “그(예수)가 고난 받으신 후에 또한 그들에게 확실한 많은 증거로 친히 살아 계심을 나타내사 사십 일 동안 그들(제자들)에게 보이시며 하나님 나라의 일을 말씀하시니라.” 다시 사신 예수님은 승천하시기 전에까지 40일 동안 제자들에게 나타나 보이시며 하나님 나라의 일을 말씀하셨습니다. 부활하신 후에만 하나님 나라의 일을 말씀하신 것이 아닙니다. 누가복음 8장 1절입니다. “그 후에 예수께서 각 성과 마을에 두루 다시시며 하나님의 나라를 선포하시며 그 복음을 전파하실새 열두 제자와 함께 하였고” 십자가를 지시기 전 아니 예수님의 공생애 전체가 하나님 나라의 복음을 전파하는 것이었습니다.

사랑하는 성도 여러분, 여러분의 보물은 무엇입니까? 예수님의 보물은 천국입니다. 예수님은 이 세상에 오셔서 천국을 심어놓고 승천하셨습니다. 예수님이 심어놓으신 천국은 이미 이 땅에 심겨

졌고 자라나고 있습니다. 확장되고 있습니다. 누가복음 12장 31절 입니다. "다만 너희는 그의 나라를 구하라 그리하면 이런 것들을 너희에게 더하시리라." 중요한 것은 우리가 먼저 하나님 나라를 구하느냐 아니면 이 세상 것을 구하느냐 하는 것입니다.

이 세상을 대표하는 것이 무엇입니까? 돈입니다. 시쳇말로 이 세상은 돈이면 안 되는 것이 없다고 합니다. 의식주를 비롯하여 이 세상 생활은 돈이면 거의 다 해결됩니다. 그러나 의식주보다 더 중요한 것이 있습니다. 돈으로 해결되지 않는 것이 있습니다. 그것이 무엇입니까? 다름 아닌 하나 밖에 없는 목숨입니다. 그러기에 예수님께서 말씀하시기를 목숨이 음식보다 중하고 몸의 의복보다 중하다고 하셨습니다(눅12:23). 온 천하를 얻어도 목숨을 잃으면 무슨 소용이 있습니까? 돈으로 안 되는 것이 목숨입니다. 생명입니다. 정확히 말하면 영생입니다. 그러기에 하나님의 나라는 생명의 나라, 영생의 나라입니다. 영원히 사는 나라입니다. 누가복음 12장 32절입니다. "적은 무리여 무서워 말라 너희 아버지께서 그 나라를 너희에게 주시기를 기뻐하시느니라."

하나님께서는 우리에게 생명의 나라, 영생의 나라, 하나님의 나라를 주시기를 기뻐하십니다. 영생을 주시기를 기뻐하십니다. 천국 백성인 성도 여러분 기뻐하시길 바랍니다. 생명을 얻어 영생에 이르러 천국을 상속받을 자로 기뻐하시길 바랍니다. 그런데 문제는 천국을 상속 받을 건더기가 무엇이냐 하는 것입니다. 다시 말해서 나는 천국 백성으로 천국에 무엇을 쌓고 있느냐 하는 것입니다. 우리는 이 세상에서 입을 옷도 있고 먹을 것도 있고 돈도 있고 집도 있습니다. 그런데 천국에는 무슨 옷이 있고 무슨 먹을 것이 있고 무슨 집이 있느냐 하는 것입니다. 천국에 쌓아둔 보물이 무엇이냐 하는 것입니다. 33절입니다. "너희 소유를 팔아 구제하여 낡아지지 아니하는 배낭을 만들라 곧 하늘에 둔 바 다함이 없는 보물이니 거기는 도둑도 가까이 하는 일이 없고 좀도 먹는 일이 없느니라." 예수님은 우리에게 하늘에 낡아지지 아니하는 배낭을 만들라고 하십니다. 하늘에 낡아지지 아니하는 배낭이 무엇입니까? 한 단어로 구제입니다. 이 땅에서 구제는 하늘에 둔 바 다함이 없는 보물입니다.

내가 내 소유를 팔아 내가 입고 내가 먹고 내가 쓰는 것은 그냥 이 세상에서 내가 먹고 마시는 것입니다. 그런데 내가 내 소유를 팔아서 옷 없는 사람의 옷을 입고 먹을 것이 없는 사람에게 양식을 주고 하는 것은 하늘에 낡아지지 아니하는 배낭에 쌓이는 것입니다. 이웃을 위하여 나의 시간을 드리고 재능을 기부하고 돈은 쓰는 것은 천국에 낡아지지 아니하는 배낭에 보물을 쌓는 것입니다.

성도 여러분 여러분의 보물이 어디에 있습니까? 하늘에 있습니까? 이 땅에 있습니까? 여러분 천국을 위하여 일합니까? 아니면 이 세상을 위하여 일합니까? 누가복음 12장 34절입니다. "너희 보물 있는 곳에는 너희 마음도 있느니라. 나의 보물이 있는 곳에 내 마음이 있습니다. 우리의 보물을 하늘에, 천국에 두는 복이 있길 바랍니다.

누가복음 14장 33절입니다. "이와같이 너희 중의 누구든지 자기 모든 소유를 버리지 아니하면 능히 내 제자가 되지 못하리라." 한 젊은 관리가 예수님에게 선한 선생님이여 내가 무엇을 하여야 영생을 얻으리이까 물었습니다. 예수님께서 이 청년에게 네게 있는 것을 다 팔아 가난한 자들에게 나눠주라 그리하면 하늘에서 네게 보화가 있으리라 그리고 와서 나를 따르라고 하셨습니다(눅18:22). 이 젊은 관리는 큰 부자이므로 이 말씀을 듣고 심히 근심하고 떠나갔습니다. 그의 보물은 이 세상의 재물이었기 때문입니다. 그것을 포기할 수 없었습니다. 결국 하늘에 보화를 쌓으며 예수님을 따르는 데에, 제자가 되는 데에 실패하였습니다.

여리고의 난쟁이 삭개오도 부자였습니다. 세리장이었습니다. 그는 부자였지만 예수님을 보자고자 하였습니다. 그리하여 돌감람나무 위로 올라갔습니다. 그런 그에게 예수님이 다가가셨습니다. 삭개오야 속히 내려오라 네가 오늘 네 집에 유하여야 하겠다 하니 급히 내려와 예수님을 즐거워하며 자기 집으로 영접하였습니다(눅19:5,6). 그리고 예수님 앞에서 내 소유의 절반을 가난한 자들에게 주겠다고 하였습니다(눅19:8). 자신의 소유를 이 땅이 아닌 하늘에 쌓았습니다. 그리고 예수님의 제자가 되었습니다. 예수님의 제자의 특징이 무엇입니까? 자기의 것을 버리고 예수님을 따르는 것입니다. 예수님은 자신이 자신의 목숨을 버리고 그것으로 우리를 사신 분입니다. 따라서 예수님을 따르는 자는 자기의 것을 버리고 예수님을 따르는 것입니다. 제자의 대표인 베드로가 예수님께 우리가 우리의 것을 다 버리고 주를 따랐나이다 여쭈었습니다.

그 때에 예수님은 "내가 진실로 너희에게 이르노니 하나님의 나라를 위하여 집이나 아내나 형제나 부모나 자녀를 버린 자는 현세에서 여러 배를 받고 내세에 영생을 받지 못할 자가 없느니라." (눅 18:29,30) 말씀하셨습니다.

말씀을 맺습니다. 자신의 것을 버리고 예수님을 따르는 제자는 하늘의 낡아지지 아니하는 배낭에 보물을 쌓은 자입니다. 예수님이 오신 이후로 천국이 이미 이 세상에 임하였습니다. 천국의 보화를 쌓는 제자는 현세에서도 여러 배를 받습니다. 내세에는 영생을 받습니다. 예수님의 약속입니다. 천국에 쌓아둔 것이 무엇인지, 이 세상에 쌓아둔 것이 무엇인지 헤아려 보시길 바랍니다. 천국의 저울이 무겁습니까? 이 세상의 저울이 무겁습니까? 천국에 보물을 쌓으며 내 자신을 버리고 예수님을 따르는 제자들이 되시길 바랍니다. 이웃을 위하여 시간을 쓰고 재능을 기부하고 돈을 쓰는 제자들이 되시길 예수님의 이름으로 축복합니다.

—2020년 4월 19일 주일 코로나19로 인하여 대면예배를 드리지 못한 다섯 번째 주일 설교문

어머니 마리아

(요한복음 19:25-27)

성경 인생

예수님에게 아버지는 두 분입니다. 한 분은 이 세상 아버지 요셉이요, 다른 한 분은 하나님 아버지입니다. 예수님의 실제의 아버지는 한 분 하나님입니다. 요셉은 이 세상에서 아버지요, 보호자였습니다. 아버지 요셉의 보호가 없었다면 아기 예수는 무사하지 못하였을 것입니다. 한편 예수님에게는 어머니는 단 한 분입니다. 어머니 마리아입니다. 처녀 마리아가 하나님의 말씀을 순종하므로 아기 예수는 성령으로 잉태되어 이 땅에 탄생하셨습니다. 그리고 그 어머니 마리아의 사랑과 돌봄, 양육과 보호로 예수님은 지혜와 키가 자라가며 하나님과 사람에게 더욱 사랑스럽게 자라났습니다. 어머니 마리아가 어머니 중의 어머니인 것은 하나님의 아들을 양육하였다는 것입니다. 어머니 마리아가 없이 예수님의 사역은 불가능한 것이었습니다.

하나님의 아들 예수님은 처녀 마리아의 몸에서 탄생(시작)하셨고, 어머니 마리아가 보는 앞에서 마지막 숨을 거두셨습니다. 그러나 다시 살아나셔서 어머니 마리아가 보는 데서 승천하셨습니다. 시작도 죽음도 부활 승천도 어머니 앞에서입니다. 예수님은 한 분 어머니 마리아에게서 나시었고, 그 어머니 앞에서 죽으셨고, 그 어머니 앞에서 부활 승천 하셨습니다. 어머니 마리아는 아기 예수를 낳으시면서 하늘의 영광과 땅의 평화를 목도하면서 온 세상에 미칠 기쁨의 좋은 소식을 마음에 새겼습니다. 어머니 마리아는 예수님이 십자가에 달려 죽으실 때에는 칼이 살점을 도려내는 것과 같은 극한 슬픔 가운데 피눈물을 흘리며 아들의 죽음을 지켜봐야 했습니다. 그러나 예수님의 부활 승천으로 하늘의 기쁨과 평안으로 충만하였습니다. 그리고 여생을 보내다가 마침내 아들 예수님에게로 가서 영원히 살고 계신 것입니다. 이처럼 어머니 마리아는 아들 예수와 함께 십자가의 고통을 당하였지만 아들 예수님과 함께 하늘의 평안과 영광을 누렸습니다. 예수님과 함께 십자가에 못 박혔지만 예수님과 함께 다시 살아났습니다. 그리고 지금은 예수님과 함께 하늘 영광을 누리고 있습니다.

어머니 중에 어머니 마리아의 은혜가 우리 모든 어머니들에게 임하길 축복합니다. 어머니 마리아에게 예수님은 자신의 아들 이상의 아들입니다. 하나님의 아들입니다. 예수님은 자신의 몸에서 난 아들이었지만 그는 독생하신 하나님의 아들이요, 그리스도 주님이었습니다. 하나님의 아들이 처녀 마리아의 몸에 잉태되어 이 세상에 오신 이유는 무엇입니까? 예수님 자신의 보여주시기 위함입니다. 하나님을 실제로 보여주시기 위함입니다. 본래 하나님을 본 사람은 없습니다. 그러나 아버지의 품 속에 있는 독생하신 하나님이 나타나셨습니다(요1:18).

이것을 최초로 본 사람이 누구입니까? 세례 요한입니다. 요한은 "보라 세상 죄를 지고 가는 하나님의 어린양이로다."(요1:29). 요한은 이 세상 모든 사람들에게 예수님을 보라고 요청합니다. 그가 하나님의 아들 곧 세상 죄를 지신 하나님이심을 증언하는 것입니다(요1:34). 예수님은 인간의 몸을 입고 오셔서 하나님을 나타내신 것입니다. 요한복음 1장 14절입니다. "말씀이 육신이 되어 우리 가운데 거하시매 우리가 그의 영광을 보니 아버지의 독생자의 영광이요 은혜와 진리가 충만하더라."

하나님의 아들이 사람의 아들로 이 세상에 오신 것입니다. 예수님은 하나님의 아들인 동시에 사람의 아들이 되셨습니다. 왜 하나님의 아들이 사람의 아들이 되셨습니까? 사람을 사랑하시어 사람의 죄를 사하시고 사람의 구원하여 영생을 주기 위함입니다. 이것은 재창조의 사역입니다. 고린도후서 5장 17절입니다. "그런즉 누구든지 그리스도 안에 있으면 새로운 피조물이라 이전 것은 지나갔으니 보라 새 것이 되었도다." 사도 바울을 그리스도 안에서 "보라 새 것이 되었도다." 새 것을 보라고 요청합니다. 이전 것은 지나갔습니다. 새 것이 되었습니다. 그렇습니다. 주 예수 그리스도는 모든 것을 새로운 피조물로 재창조합니다.

특히 사람을 새롭게 재창조합니다. 소경의 눈을 뜨게 합니다. 앉은뱅이를 일으키십니다. 귀머거리를 듣게 하십니다. 병든 자들 고치십니다. 죽은 자를 다시 살리십니다. 죄를 씻어 새롭게 하십니다. 천국을 보게 합니다. 하나님의 말씀을 가르치십니다. 천국의 일꾼으로 일하게 하십니다. 예수님께서 우리를 부르십니다. 와서 보라!(요1:39) 와서 하나님의 아들을 보라고 하십니다. 땅의 사람들만 보지 말고 하늘의 하나님 아들을 보라고 하십니다. 와서 수고하고 무거운 짐을 다 내려놓고 내게 배우고 쉼을 얻으라고 하십니다. 와서 물과 성령으로 거듭나라고 하십니다. 와서 영과 진리로 예배하라고 하십니다. 영적인 무지 벗어나 진리를 알라고 합니다. 진리를 알고 참 자유 하라고 하십니다. 사람을 짓밟고 죽이지 말고 사람을 돌보고 살리는 사람 낚는 어부가 되라고 하십니다. 야생동식물을 죽이고 파괴하지 말고 살리고 보존하라고 하십니다.

세상 사람들이 예수님을 죽였지만 예수님은 죽었다가 다시 살아나시어 영생으로 인류를 살리십니다. 우리에게 생명을 얻게 하시고 더 풍성히 얻게 하십니다. 사랑하는 성도 여러분, 예수님을 따라 사는 사람입니까? 사람을 죽이는 사람이 아니라 살리는 사람이 되어야 합니다. 우리 한 사람 한 사람을 통하여 주위의 사람들이 사는 복이 있길 바랍니다. 십자가에 달려 죽어가면서 예수님은 어머니 마리아에게 말씀하십니다.

"여자여 보소서 아들이나이다."(요20:26) '여자여' 하는 '귀나이'

라는 말은 극존칭입니다. 어머니의 아들을 보라고 합니다. 사람의 아들로서 죽습니다. 그러나 동시에 하나님의 아들인 나를 보라고 합니다. 하나님의 아들로서 사망을 삼키고 다시 살아날 나를 보라고 합니다. 그렇습니다. 우리는 예수님을 바라보아야 합니다. 십자가에 달린 예수님을 보아야 합니다. 요한복음 3장 14,15절입니다. "모세가 광야에서 뱀을 든 것 같이 인자도 들려야 하리니 이는 그를 믿는 자마다 영생을 얻게 하려 하심이니라." 보지 않으면 죽습니다. 그러나 보면 삽니다. 영원히 삽니다.

어머니 마리아는 자신이 나은 하나님의 아들 예수 그리스도로 인하여 영원히 살게 되었습니다. 뿐만 아니라 예수님의 효도를 받으셨습니다. 요한복음 19장 27절입니다. "또 그 제자에게 이르시되 보라 네 어머니라 하신대 그 때부터 그 제자가 자기 집에 모시니라." 예수님은 마지막으로 사랑하는 제자 요한에게 어머니를 부탁하셨습니다. "보라 네 어머니라." 어머니 마리아는 하나님의 아들을 양육한 유일무이한 어머니입니다. 어머니 중의 어머니입니다. 그 어머니가 마리아가 아니었더라면 사람이 영원히 사는 길도 막혔을 것입니다. 그러기에 하나님의 아들 예수님을 양육한 어머니는 구원받은 모든 사람들의 어머니이기도 한 것입니다. "보라 네 어머니라." 그 때부터 요한은 어머니 마리아가 아들 예수님에게로 갈 때까지 지극 정성으로 모셨던 것입니다.

우리 교회에 속한 어머니 여러분, 여자는 약하지만 어머니는 강하다고 합니다. 생명을 잉태하고 생명을 낳고 기르고 살리는 어머님들, 정말 감사합니다. 사랑합니다. 축복합니다. 어머니의 중의 어머니 마리아처럼 예수님과 함께 죽고 예수님과 함께 사는 어머니들이 되시길 바랍니다. 생명을 사랑하고 돌보며 살리고 보호하는 어머니들이 되시길 바랍니다. 자녀손들의 영혼을 살리고 자신의 영혼도 사는 어머니들이 되시길 바랍니다. 그 중심에 하나님의 아들이요 사람의 아들이신 예수님이 있습니다. 예수님을 보시길 바랍니다. 자신과 자녀손들을 위해 울며 기도하는 어머니들이 되시길 바랍니다. 자녀손들에게 효도를 받으시고, 효도를 가르치는 어머니들이 되시길 예수님의 이름으로 축복합니다.

—2020년 5월 10일 어머니 주일 믿음, 샬롬 구역과 대면예배 드린 주일 설교문, 5/3 어린이 주일-샘물 구역, 5/17 교회창립기념 주일-소망, 사랑 구역 5/24 주일-온유 은혜 구역과 대면예배 드림, 5/31 주일 드디어 1,2,3부 오전 9시, 11시, 오후 1시 전교인이 대면예배 드리게 됨

성령의 역사

(사도행전 10:1-48)

성경 인생

예수님께서 12제자를 부르실 때에 한 두 사람씩 개별적으로 부르셨습니다. 그렇게 12제자를 불러 모으셨습니다. 그리고 따로 70인을 세우셨습니다. 그리고 자신이 친히 가시려는 각 동네와 각 지역에 둘씩 보내셨습니다(눅10:1). 그렇습니다. 우리는 예수님이 부르셔서 한 사람 한 사람 새생명한인교회 교인이 되었습니다. 그리고 예수님이 우리를 세우십니다. 구역별로 혹은 둘 셋씩 세워 주님의 손과 발이 되어 섬기게 하십니다.

신앙은 개별적으로 갖게 되지만 신앙생활은 둘 혹은 셋씩 구역별로 전도회로, 새생명한인교회로, 미국교회로 한국교회로 공동체적으로 하게 됩니다. 따라서 경건생활은 개인적으로 하는 것입니다. 그러나 신앙생활은 공동체적으로 하는 것입니다. 내가 기도해야 할 시간 내가 기도해야 합니다. 누가 대신 해 줄 수 없습니다. 내가 성경 공부를 하고, 성경을 쓰는 것 내가 해야 합니다. 누가 대신해서 해 줄 수 없습니다. 그러나 신앙생활은 공동체적으로 하게 되어 있습니다. 서로 나누며 하게 됩니다. 성경을 공부하는 가운데 성령께서 깨닫게 하십니다. 기도 중에 성령께서 알려줍니다. 아무개를 위해 기도해라 아무개를 찾아 가서 이 말을 하여라 그러면 그 사람을 찾아가 말을 하게 되면 이것은 개별적인 것이 아니라 공동체적인 것이 되는 것입니다.

지난주에 살펴보았지만 오순절 날 120문도가 성령을 받을 때에 불의 혀처럼 갈라지는 것이 각 사람 위에 하나씩 임하였습니다. 성령께서 개별적으로 임한 것입니다. 그런데 그들이 다 성령의 충만하심을 받았습니다. 그리고 성령이 말하게 하심을 따라 다른 언어로 말하기 시작하였습니다. 그리고 나아가 예수 그리스도의 복음을 증거하기 시작하였습니다. 그리하여 각 사람이 자기 난 곳의 방언으로 복음을 듣게 되었습니다. 복음이 각 나라로 퍼져나게 된 것입니다. 개별적으로 임한 성령이 다 충만하여 공동체로 신앙생활하게 된 것입니다. 각 사람에게 임한 성령으로 그들이 다 충만하여 복음을 전하자 이 날에 신도의 수가 삼천이나 더하였습니다. 그리고 몇 날이 못 되어 남자의 수만 약 오천이나 되었습니다.

예루살렘 초대 교회는 공동체적으로 신앙생활을 하게 된 것입니다. 그리하여 그들이 한 일은 무엇입니까? 사도행전 2장 42절입니다. 그들이 사도의 가르침을 받아 서로 교제하며 떡을 떼며 오로지 기도하기를 힘쓰니라. 그 결과 일어난 일이 무엇입니까? 믿는 사람이 다 함께 있어 모든 물건을 서로 통용하고 또 재산과 소유를 팔아 각 사람의 필요를 따라 나눠주는 역사가 일어난 것입니다.

개별적인 믿음이 공동체적인 신앙으로 나타나 교회가 든든히 세워지는 것입니다. 함께 모여 오로지 기도하기에 힘쓰며 서로 나누는 삶으로 아름답게 세워져 나가는 것입니다. 이것이 바로 성령의 역사입니다. 성령이 역사하시면 입이 근질근질해서 견딜 수 없습니다. 복음을 말하지 않을 수 없게 됩니다. 예수 그리스도의 십자가와 부활을 모르는 이웃에게 전하지 않을 수 없습니다. 그리고 내가 가진 무엇이든지 나누고 싶어집니다. 그것이 개별적인 은혜에서 공동체적인 은혜로 나누어지는 것입니다. 그것이 바로 초대 예루살렘 교회였습니다. 이 은혜가 오늘날 우리 새생명한인교회에도 계속 이루어지는 사도행전의 역사가 있길 축복합니다.

오늘 본문은 이방인의 첫 신자로 고넬료가 성령을 받는 이야기입니다. 고넬료는 이미 공동체적인 삶을 사는 사람입니다. 그는 이달리야 군대 백부장입니다. 그는 경건하여 온 집안과 더불어 하나님을 경외하며 백성을 많이 구제하고 하나님께 항상 기도하던 사람입니다. 그리하여 그는 주위 사람들로부터 의인이요 하나님을 경외하는 사람으로 칭찬받은 사람이었습니다. 하루는 고넬료가 기도하는 중에 하나님의 사자가 찾아옵니다. 개별적으로 찾아온 것입니다. 네 기도와 구제가 하나님 앞에 상달되어 기억하신 바 되었으니 지금 사람을 보내어 베드로를 초청하라는 것입니다.

이 세상에 좋은 것들이 많이 있습니다. 돈 명예 쾌락입니다. 육신으로 즐기는 것들, 눈으로 보아서 좋은 것들, 이런 저런 자랑꺼리들입니다. 이런 것들은 하나님 앞에 상달될 수 없습니다. 이런 것들은 아버지 하나님으로부터 온 것이 아니라 이 세상으로부터 온 것이기 때문입니다. 그러나 하나님 앞에 상달되어 기억되는 것들이 있습니다. 기도하는 것과 구제하는 것입니다. 하나님 앞에 드려지는 삶, 기억되는 삶을 사시길 축복합니다. 우리가 개별적으로 기도하고 구제하는 것들은 하나님께서 기억하십니다.

그리하여 그런 사람들에게 하나님은 하나님의 선물을 주시길 원하십니다. 하나님이 주시는 가장 좋은 선물이 무엇입니까? 누가복음 11장 13절입니다. "너희가 악할지라도 좋은 것을 자식에게 줄 줄 알거든 하물며 너희 하늘 아버지께서 구하는 자에게 성령을 주시지 않겠느냐 하시니라." 하나님의 가장 좋은 선물, 성령 충만하시길 바랍니다. 하나님께서는 베드로를 통하여 이방인으로 첫 번째 성령을 주시기로 작정하신 이가 바로 고넬료인 것입니다. 고넬료가 성령을 받는 것이 나와 무슨 상관이 있습니까? 상관이 있습니다. 이전에는 유대인을 통하여 하나님의 은혜가 이방인에게 흘러갔습니다. 그런데 이제 부터는 유대인을 통하지 않고도 이방인에게 하나님의 은혜가 내려지게 된 것입니다. 이방인으로 첫 사람 고넬료가 성령 받음으로 유대인이 아닌 모든 이방인이 성령을 받는 시초가 된 것입니다. 그러기에 고넬료가 성령 받았기에 오늘 나도 성령받게 되는 것입니다. 할렐루야!

주의 사자가 개별적으로 고넬료를 찾아온 것처럼 베드로에게도 하나님께서 개별적으로 큰 보자기 환상을 보여주셨습니다. 그리고 19,20절입니다. “베드로가 그 환상을 생각할 때에 성령께서 그에게 말씀하시되 두 사람이 너를 찾으니 일어나 의심하지 말고 함께 가라 내가 그들을 보내었느니라 하시니” 성령께서 베드로에게 고넬료가 보낸 두 사람을 의심하지 말고 함께 가라고 개별적으로 일러주십니다. 고넬료에게 개별적으로 알려주신 하나님은 베드로에게도 개별적으로 알려주시는 것입니다. 그리고 개별적인 성령의 역사는 곧 공동체적으로 나타나게 됩니다. 23절입니다.

이튿날 일어나 그들과 함께 갈새 욥바에서 내려온 어떤 형제들도 함께 가니라. 베드로는 고넬료가 보낸 두 사람과 함께 욥바에서 내려온 어떤 형제들도 함께 동행하였습니다. 다음날 베드로와 그의 일행이 가이사랴에 들어가니 고넬료가 그의 친척과 가까운 친구들을 모아 베드로를 기다리고 있었습니다. 베드로도 홀로 간 것이 아닙니다. 어떤 형제들을 데리고 갔습니다. 고넬료도 혼자 기다린 것이 아닙니다. 그의 친척들과 친구들을 모아 함께 기다렸습니다.

이처럼 성령의 역사는 개별적인 역사가 공동체적인 역사로 이어지는 것입니다. 다시 말해서 개별적으로 받은 성령의 역사가 공동체적인 역사로 열매를 맺고 공동체적인 성령의 역사가 개별적인 하나님의 은혜로 나누어지는 것입니다. 베드로가 고낼료와 그의 친척 친구들에게 복음을 전합니다. 화평의 복음을 전합니다. 하나님께서 함께 하심으로 나사렛 예수께서 선한 일을 하시다가 나무에 달려 죽었으나 사흘 만에 다시 살아나시어 우리를 증인이 되게 하시어 우리가 전도하는데 예수의 이름으로 죄사함을 받는다는 이 말을 할 때에 성령이 말씀을 듣는 모든 사람에게 내려오신 것입니다. 복음을 듣을 때에 말씀을 들을 때에 성령이 임하는 것입니다. 말씀 들을 때에 성령 충만하시길 바랍니다. 베드로와 함께 온 이들은 할례 받은 유대인 신자들입니다. 이들이 이방인도 성령을 받고 방언을 말하고 하나님을 높임을 듣고 놀랐습니다. 이렇게 성령 받은 유대 공동체와 이방인의 공동체과 복음으로 화평케 되는 역사가 나타난 것입니다.

말씀을 맺습니다. 성령의 역사는 개별적으로 나타납니다. 동시에 공동체적으로도 나타납니다. 기도하는 가운데 말씀을 공부하는 가운데 성령께서 개별적으로 알려주시는 것이 있습니까? 그것을 외면하지 마시고 가까운 가족 친구들과 구역 식구들과 성도들과 나누시길 바랍니다. 이것이 지금도 성령이 일하시는 방편인 것입니다. 나에게 개별적으로 임하신 성령의 좋은 것들이 공통체를 통하여 나누어지는 역사가 계속되길 예수님의 이름으로 축복합니다.

—2020년 6월 14일 주일

판단 중지
(고린도전서 3:21~4:5)

성경 인생

하늘을 바라보세요. 이 땅을 둘러보세요. 이 세상에 있는 모든 만물이 누구의 것입니까? 하나님 아버지의 것입니다. 하나님 아버지의 것이면 하나님의 아들딸인 우리들의 것이기도 합니다. 고린도전서 3장 21절입니다. "그런즉 누구든지 사람을 자랑하지 말라 만물이 다 너희 것임이라."(고전3:21) 이 세상의 만물이 모두 다 우리의 것입니다. 즐기시길 바랍니다. 하늘도 즐기시고, 산과 들도 즐기시고 바다도 즐기시길 바랍니다. 우리가 사는 크레스트뷰에서 제일 아름다운 것은 제 개인적으로는 하늘입니다. 변화무쌍한 구름에다 푸른 하늘, 아침저녁으로 비치는 햇빛이 노을이 너무나 아름답습니다. 한 밤 중에 밤하늘의 별들을 보면 신비하기조차 합니다.

모두 아버지 하나님의 것이요, 우리의 것입니다. "여호와 우리 주여 주의 이름이 온 땅에 어찌 그리 아름다운지요 주의 영광이 하늘을 덮었나이다."(시8:1) 주의 영광이 하늘을 덮고 있습니다. "하늘이 하나님의 영광을 선포하고 궁창이 그의 손으로 하신 일을 나타내는도다. 날은 날에게 말하고 밤은 밤에게 지식을 전하니"(시 19:1,2) 하나님의 영광이 가득한 하늘과 주의 솜씨가 깃들여진 만물 속에서 날이 날에게 말하고 있습니다.

너무나 놀랍고 아름답지 않느냐는 것입니다. 밤은 밤에게 너무나 신기하고 오묘하다고 지식을 전하는 것입니다. 우주는 창조 이래 똑 같은 법칙 하에 운동을 반복하지만 하나님은 질려하지 않으시고 지금도 일하고 계십니다. 그리고 매번 늘 새롭게 우주를 보시며 즐거워하시는 것입니다. 하나님께서 우주을 보시고 좋아하시는 것 같이 우리도 좋아하고 즐기면 좋겠습니다. 여러분 새생명한인교회는 누구의 것입니까? 물론 교회의 머리되신 우리 주 예수님의 것입니다. 예수님 다음으로 누구의 것입니까? 우리의 것입니다.

22절입니다. 바울이나 아볼로나 게바나 세계나 생명이나 사망이나 지금 것이나 장래의 것이 다 너희의 것이요. 저나 빌 목사님이나 우리 구역장들이나 모든 성도들이나 세계나 생명이나 사망이나 지금 것이나 장래의 것이나 다 주님의 것입니다. 주님의 것인 동시에 우리의 것이기도 합니다. 이 얼마나 엄청난 실상입니까? 사실 우리는 엄청난 부자입니다. 하나님의 것이 다 우리의 것이고 우리는 그리스도의 것이고 그리스도는 하나님의 것이기 때문입니다. 그것이 23절 말씀입니다. 너희는 그리스도의 것이요 그리스도는 하나님의 것이니라. 하나님의 것들을 좋아하고 즐기며 은혜와 능력과 지혜로 넉넉하게 살아가는 복이 있으시기 바랍니다.

고린도전서 4장 1절입니다. "사람이 마땅히 우리는 그리스도의 일꾼이요 하나님의 비밀을 맡은 자로 여길지어다." 그러므로 우리가 사람으로 태어나 그리스도의 일꾼이 되는 것은 진정 영광스러운 것입니다. 한국에서는 삼성이나 현대 대기업에 취직하면 절로 어깨에 힘이 들어갑니다. 서울대나 연고대에 들어가면 아주 대단한 사람으로 취급합니다. 그러나 잘리고 나면 아무 것도 아닙니다. 졸업하고 나면 무한 경쟁을 해야 합니다. 삼성 현대에서 나오고, 서울대 연고대 나오고도 인생에 실패하는 하는 사람들이 많습니다.

우리는 우리 인생의 실패자가 될 수 없습니다. 우리는 반드시 인생의 성공자가 됩니다. 그 비결이 무엇입니까? 우리는 그리스도의 것이기 때문입니다. 그리스도의 것이기에 우리는 그리스도의 일꾼입니다. 그러기에 우리는 예수님이 시키는 대로 일하기만 하면 됩니다. 책임은 예수님이 지는 것입니다. 그럴 수 없지만 우리가 그리스도의 일꾼으로 실패한다고 합시다. 그러면 누가 실패하는 것입니까? 예수님입니다. 그러기에 우리는 실패할 수 없습니다.

실제로 그리스도는 실패하지 않으십니다. 예수님은 십자가를 지시고 죽으심으로 실패하는 것처럼 보였습니다. 그러나 예수님은 사망을 삼키고 승리하셨습니다. 그러므로 우리가 이 세상에서 환란을 당하지만 담대할 수 있습니다. 왜입니까? 예수님께서 이 세상을 이기셨기에 우리에게 승리를 주시는 것입니다. 우리 주 예수 그리스도로 말미암아 우리에게 승리를 주시는 하나님께 감사하시길 바랍니다. 그러기에 우리가 알거니와 하나님을 사랑하는 자 그 뜻대로 부르심을 입은 자들에게는 모든 것이 합력하여 선을 이루는 것입니다(롬8:28). 하나님이 우리 편인데 누가 우리를 대적할 수 있습니까? 예수님을 아끼지 아니하시고 우리에게 주신 하나님이 우리에게 모든 것을 주시지 않겠습니까? 그러므로 우리가 넉넉히 이기는 것입니다. 내가 확신하노니 사랑이나 생명이나 천사들이나 권세자들이나 현재 일이나 장래일이나 능력이나 높음이나 깊음이나 다른 어떤 피조물이라도 우리를 우리 주 그리스도 예수 안에 있는 하나님의 사랑에게 끊을 수 없는 것입니다(롬8:37-39).

또한 우리는 하나님의 비밀을 맡은 자입니다. 하나님의 비밀이 무엇입니까? 예수 그리스도입니다. 하나님의 아들 예수 그리스도가 이 세상에 오셔서 십자가를 지고 죽으실 것은 하늘의 천사도 세상 그 누구도 모르는 일이었습니다. 이 하나님의 비밀이 예수님이 십자가를 지시고 죽으시고 사흘 만에 다시 살아나심으로 사도들에게 맡겨 증거하게 하심으로 우리에게까지 증거되고 만천하에 공개된 것입니다. 그러나 지금도 사탄의 권세 하에 있는 많은 사람들에게는 이 비밀은 거짓말이요 믿을 수 없는 이야기입니다. 그래서 그들에게는 지금도 비밀에 붙여져 있는 것입니다. 이것이 바로 영적인 사망입니다.

우리는 하나님의 비밀을 맡은 자입니다. 그리스도의 일꾼입니다. 그러기에 맡은 자들에게 구할 것은 충성입니다. 예수님 부활을 기점으로 수많은 믿음의 조상들이 이 비밀을 맡은 자로 그리스도의 일꾼으로 복음 전파에 충성하였습니다. 생명을 걸고 목숨 받쳐 복음을 증거하였습니다. 스데반을 필두로 사도들이 수많은 주의 제자들이 피를 흘려 순교함으로 대동강 변에서 토마스 선교사가 피를 흘림으로 이 복음이 오늘날 우리들에게까지 증거된 것입니다. 교회도 주님이 피로 값주고 사신 것입니다. 복음도 순교의 피값으로 전파된 것입니다. 그러기에 그리스도의 일꾼으로 하나님의 복음의 비밀을 맡은 자들은 오직 목숨 바쳐 충성하는 것입니다.

충성(忠誠)은 한자로 가운데 중자에 마음 심 말씀 언 변에 이룰 성 자를 씁니다. 그러니 마음아 하나로 오직 복음을 전하여 그 복음의 말씀을 이루는 것이 충성입니다. 다시 말해서 오직 복음을 전하여여서 구원에 이르도록 하는 것이 충성입니다. 그러기 위해 우리는 어떻게 해야 합니까? 오늘 설교 제목입니다. 판단 중지입니다. 복음을 전하여 구원받는 것과 판단이 무슨 상관이 있다는 말입니까? 상관이 있습니다.

우리가 복음을 제대로 전하지 못하는 이유는 무엇입니까? 내가 먼저 저 사람은 예수를 믿지 않을 것이야? 아! 저 사람은 예수를 믿을 수 있어, 내가 먼저 판단하고, 복음을 전할 자에게는 전하고 전하지 않아야 할 자에게는 전하지 않은 것입니다. 내 마음대로 판단하고 복음을 전하는 것입니다. 이것이 잘못이라는 것입니다.

3절입니다. "너희에게나 다른 사람에게나 판단 받는 것이 네게는 매우 작은 일이라. 나도 나를 판단하지 아니하노니" 사도 바울은 다른 사람이 나를 판단하는 것을 그리 크게 생각하지 않았습니다. 중요한 것은 하나님이 나의 중심을 어떻게 보시느냐이지 사람이 보는 것은 참고 정도만 하는 것입니다. 나도 나를 판단하지 않는다고 하였습니다. 여러분, 나는 어떤 사람입니까? 나라는 존재가 있습니다. 내가 아는 내가 있습니다. 내가 알지 못하는 내가 있습니다. 하나님이 아니시는 내가 있습니다. 그런데 다른 사람에게 보여지는 내가 있고, 다른 사람에게 보여지지 않는 내가 있습니다.

그런데 어떤 사람이 나를 보고 너 정말 이기주의자야 라고 했다고 합시다. 누구라도 이런 소리를 들으면 기분이 좋을 리 없습니다. 그런데 바울 같은 사람은 그냥 참고로 듣는 것입니다. 보여지는 내가 이기주의자일 수도 있습니다. 그런데 아닐 수도 있습니다. 그러니까 그냥 다른 사람이 하는 말은 참고만 하는 것입니다. 하나님이 너는 이기주의자야 하면 그는 정말 이기주의자인 것입니다. 그러니 하나님이 나를 어떻게 보느냐 하는 것이 가장 중요한 것입니다.

이스라엘 백성들이 왕을 구할 때에 하나님은 베냐민 지파 기스의 아들 사울을 사십 년간 주셨다가 폐하셨습니다. 왜입니까? 그 중심이 하나님을 경외하지 않았기 때문입니다. 그리고 다윗을 왕을 세우셨습니다. 그리고 뭐라고 하셨습니까? 내가 이새의 아들을 다윗을 만나니 내 마음에 맞는 사람이라 내 뜻을 다 이루리라. 그렇습니다. 중요한 것은 하나님과 마음을 맞추는 것입니다. 그러기에 바울은 자신도 자신을 판단하지 아니하는 것입니다.

4절입니다. "내가 자책할 아무것도 깨닫지 못하나 이로 말미암아 의롭다 함을 얻지 못하노라 다만 나를 심판하실 이는 주시니라." 그렇습니다. 나는 양심에 아무 거리낌이 없습니다. 그렇다고 의롭다 함을 얻는 것은 아닙니다. 주께서 나를 의롭다하시는 것이 중요한 것입니다.

5절입니다. "그러므로 때가 이르기 전 곧 주께서 오시기까지 아무것도 판단하지 말라" 주께서 오셔서 판단하기 전까지는 '판단 중지'입니다. 판단하지 말라는 것입니다. 다른 사람이나 나나 그 인격을 판단하지 말라는 것입니다. "그가 어둠에 감추인 것을 드러내고 마음의 뜻을 나타내시리니" 주께서 나의 본질을 드러내시고 마음의 뜻을 나타내실 것입니다. 여러분, 주께서 나를 드러내시는 그 날 나는 어떻게 될까요? 책망을 받을까요? 칭찬을 받을까요?

"각 사람에게 하나님으로부터 칭찬이 있으리라." 책망이 아니고 칭찬이 있을 것입니다. 우리의 마지막은 책망이 아니라 칭찬입니다. 주께서 아마 이렇게 칭찬하실 것입니다. 너 삼년 전에 어머니가 죽고 아버지도 암으로 시한부로 살 때, 너 가장 친한 친구가 갑자기 죽었지 그 때 너도 죽고 싶은 마음이었지 너무 고통스러웠지 그 때에 아버지를 끝까지 돌보고 너의 남편과 함께 두 아들을 잘 키워 이렇게 살고 있으니 너 정말 잘했다. 잘했다 칭찬하실 것입니다.

생명을 존중하고 생명 구원을 위해 그리스도의 일꾼으로 산 너 아무개야 잘 하였도다. 착하고 충성된 종아 네가 적은 일에 충성 하였으니 많은 것으로 내게 맡기리라. “잘했다! 잘했다! 정말 잘했다!” 칭찬하실 것입니다. 우리의 마지막은 칭찬입니다.

—2020년 8월 2일 주일

화목하게 하는 직책

(고린도후서 5:14-21)

성경 인생

우리가 보통 아주 훌륭한 사람을 만나 사인을 받으면 “영광입니다!” 하고 인사를 합니다. 영광이 무엇입니까? 빛이 나는 것입니다. 영광(榮光)은 한자로 꽃부리 영 자에 빛 광 자를 씁니다. 꽃부리는 영 자는 나무 목 자 위에 갓 머리 갓 머리의 위에 불 화가 둘이 있습니다. 나무 머리에 사과나 감 복숭아 같은 붉은 과일이나 붉은 꽃이나 붉은 단풍이 폈는데 꼭 불이 난 것처럼 보여서 영 자를 그렇게 만들었을 것입니다. 과일에 불이 났습니다. 꽃에 불이 났습니다. 단풍에 불이 났습니다. 그러니 빛이 나는 것입니다. 그런데 하나가 아니고 둘입니다. 아마도 이것은 계속 이어지는 것을 의미할 것입니다.

그러니 사과나무의 영광은 무엇입니까? 매년 붉은 사과 열매를 빛나게 맺는 것입니다. 무궁화 꽃의 영광은 무엇입니까? 매년 붉은 꽃을 빛나게 피우는 것입니다. 단풍이 붉게 물들지 않고 검게 말라 버린다면 그것은 더 이상 단풍이 아닐 것입니다. 이처럼 좋은 것, 선한 것, 아름다운 것이 계속 되어져 빛이 나는 것이 영광입니다. 축구 선수를 볼을 잘 차는 것이 영광입니다. 미용사는 머리를 잘 만지는 것이 영광입니다. 요리사는 음식을 잘 만드는 것이 영광입니다.

사랑하는 성도 여러분 여러분이 잘 하는 것이 무엇입니까? 그것으로 먹든지 마시든지 무엇을 하든지 다 하나님의 영광을 위해서 빛나게 계속 하시길 바랍니다. 자, 지난 주일에 하나님께 영광이 되는 것은 무엇이라고 했습니까? 자신의 유익을 구하는 것이 아니라 다른 사람의 유익을 구하는 것은 모두 다 하나님께 영광이 된다고 하였습니다. 내가 요리사라고 합시다. 내 입맛에 맞는 음식을 만드는 것이 아니라 다른 사람의 입에 맞는 음식을 만드는 것입니다. 많은 사람이 즐겁게 먹을 수 있는 음식을 만드는 것입니다. 그러면 많은 사람이 그 음식을 먹고 그 요리사를 칭찬할 것입니다. 여러분이 잘 하는 일을 하시길 바랍니다. 그 일로 나의 유익보다는 다른 사람의 유익을 위해 하시길 바랍니다. 그러면 하나님께 영광이 되고 결국 자신에게도 영광이 되는 것입니다.

프란시스 베이컨은 이 세상에는 3종류의 사람이 있다고 했습니다. 하나는 있어서는 안 될 거미와 같은 사람이요, 둘째는 있으나마나 한 개미와 같은 사람이요, 셋째는 꼭 있어야 하는 꿀벌과 같은 사람이라고 하였습니다. 남에게 해만 끼치는 거미와 같은 사람은 마이너스 인생입니다. 남에게 피해도 유익도 주지 않고 자기만을 위해 사는 개미와 같은 사람은 이콜의 인생입니다. 다른 사람을 돕고 유익을 주는 꿀벌과 같은 사람은 플러스 인생입니다. 그런데 남을 돕고 유익을 주는 꿀벌과 같은 인생을 사는 사람들 가운데도 자기의 영광만을 위하여 사는 사람들이 한 둘이 아닙니다.

자기의 이름을 내고 자기의 영광을 위하여 남을 돕는 것입니다. 그러니까 정말 하나님이 기뻐하시는 사람은 누구입니까? 다른 사람의 유익을 위해 살되 하나님의 영광을 위해 사는 무한대의 인생입니다. 영원에 잇대어 사는 사람입니다. 이런 무한대의 영원한 삶을 사는 사람에게 가장 큰 영광은 무엇이겠습니까? 영원하신 하나님을 보는 것 아니겠습니까? 하나님을 보는 것만큼 영광스러운 일이 천상천하 어디에 있겠습니까? 사람이 하나님을 뵙는다는 것은 있을 수 없는 일입니다. 죄인인 인간이 하나님을 보는 그 즉시 그 자리에서 죽을 것입니다. 그러나 야곱은 하나님의 얼굴을 대면하고도 죽지 아니하였습니다. 사람이 하나님을 볼 수 있는 방법이 아주 없는 것은 아닙니다. 인간 쪽에서는 볼 수 없습니다.

그러나 하나님께서 인간의 몸을 입고 이 세상에 오시면 볼 수 있는 것입니다. 사람이 하나님을 볼 수 있는 길은 막혔지만 하나님께서 사람을 찾아와 자신을 나타내시는 것은 얼마든지 하실 수 있는 것입니다. 이것이 바로 케노시스, 예수님께서 자기를 비운 성육신 사건입니다. 빌립보서 2장 5-8절입니다. "너희 안에 이 마음을 품으라 곧 그리스도 예수의 마음이니 그는 근본 하나님의 본체이시나 하나님과 동등됨을 취할 것으로 여기지 아니하시고 오히려 자기를 비워 종의 형체를 가지사 사람과 같이 되셨고 사람의 모양으로 나타나사 자기를 낮추시고 죽기까지 복종하셨으니 곧 십자가의 죽으심이라."

예수님의 12 제자들이 존귀한 이유가 무엇입니까? 그들은 하나님과 동일본질이신 예수님을 직접 눈으로 보았습니다. 그 입에서 나오는 생명의 말씀을 들었습니다. 자세히 보고 손으로 만지고 함께 교제하며 살았습니다. 예수님과 교제하는 것이 곧 하나님과 교제하는 것이었습니다. 실제로 빌립이 하나님을 보여 달라고 할 때에 나를 본 자는 아버지를 보았거늘 어찌하여 아버지를 보이라 하느냐 하시며 내가 아버지 안에 거하고 아버지가 내 안에 계심을 믿으라고 하였습니다. 그렇지 못하겠거든 내가 하는 그 일로 나를 믿으라고 하였습니다.

예수님이 하신 일은 무엇입니까? 예수님이 주로 하신 일은 하나님의 말씀을 전하시고 온갖 병자들을 고치는 것이었습니다. 사람이 할 수 있는 일들도 하셨지만 사람이 할 수 없는 일들도 하셨습니다. 물로 포도주를 만드셨습니다. 풍랑이는 바다와 바람을 잔잔케 하셨습니다. 심지어 죽은 소녀도 청년도 어른 나사로도 살리셨습니다. 결국 아버지 하나님의 뜻대로 우리의 죄를 사하시려고 성경대로 십자가에서 죽으셨습니다. 그리고 우리에게 영생을 주시려고 성경대로 사흘 만에 다시 살아나셨습니다. 예수님이 죽으시고 다시 사신 이유가 무엇입니다. 그것은 사랑입니다. 예수님께서 이 세상에 오신 것도 사랑이요, 죽으신 것도 사랑이요 부활하신 것도 사랑입니다. 본문 14절입니다. "그리스도의 사랑이 우리를 강권하시는도다." 예수님은 우리에게 오심으로 사랑하시고 죽으심으로 사랑하시고 부활하심으로 사랑하시는 것입니다. 그 사랑으로 예수님이 우리에게 강권하십니다. 무엇을 강권하시는 것입니까?

15절입니다. "그가 모든 사람을 대신하여 죽으심은 살아 있는 자들로 하여금 다시는 그들 자신을 위해 살지 않고 오직 그들을 대신하여 죽으셨다가 다시 살아나신 이를 위해 살게 함이라." 우리로 하여금 거미나 개미나 꿀벌처럼 자신을 위해 자신의 영광을 위해 살지 않고 오직 죽으시고 다시 살아나신 예수님을 위해 살게 하려는 것입니다.

16절입니다. "그러므로 우리가 이제부터는 어떤 사람도 육신을 따라 알지 아니하노라 비록 우리가 그리스도도 육신을 따라 알았으나 이제부터는 그와같이 알지 아니하노라." 그렇습니다. 육신을 따라 예수님을 알지 말아야 합니다. 영으로 믿음으로 사랑으로 예수님을 알아야 합니다. 이것은 다른 사람과의 교제에도 마찬가지입니다. 누구라도 육신을 따라 알지 말고 영으로 믿음으로 사랑으로 알아가며 교제하시길 바랍니다.

우리가 잘 아는 17절입니다. "그런즉 누구든지 그리스도 안에 있으면 새로운 피조물이라 이전 것은 지나 갔으니 보라 새 것이 되었도다.” 그리스도 안에서 우리는 새로운 피조물로 재창조되었습니다. 신약 성경 구절 중 가장 위대한 재창조의 선언입니다. 우리는 죄와 사망의 법에서 해방되었습니다. 이제는 생명의 성령의 법으로 살게 되는 것입니다. 육신의 생각은 사망이지만 영의 생각은 생명입니다. 그리하여 우리는 예수님으로 말미암아 하나님과 화목하게 되었습니다. 생명의 새롭게 산 길이 열린 것입니다. 이것은 전적으로 예수님의 공로입니다. 21절입니다. “하나님이 죄를 알지도 못하신 이를 우리 대신하여 죄로 삼으신 것은 우리로 하여금 그 안에서 하나님의 의가 되게 하려 하심이라.” 우리는 죽을 수밖에 없는 죄인입니다. 결코 의인이 될 수 없습니다. 그런데 하나님께서 그리스도의 의를 우리에게 전가하심으로 우리가 하나님의 의가 되고 하나님과 화목하게 된 것입니다.

하나님과 화목하게 된 우리는 엄청난 지위를 부여받았습니다. 18절에 “화목하게 하는 직분”을 받았습니다. 19절에 “화목하게 하는 말씀”을 부탁 받았습니다. 20절에 “그리스도를 대신하여 하나님의 사신”이 되었습니다. 예수님은 하나님의 사신이 되어 이 세상에 오셨습니다. 그 사신으로 직무를 잘 마치시고 천국으로 복귀하셨습니다. 그리고 대신 우리를 이 세상에 천국의 사신으로 파송한 것입니다. 여러분 미국 시민이죠? 대한민국 국민이죠? 우리는 그 이상의 천국의 대사인 것을 믿으시길 바랍니다. 그리고 화목하게 하는 말씀을 받았습니다. 우리는 정죄하는 말씀을 받은 것이 아닙니다. 화목하게 하는 말씀을 받았습니다. 사람은 누구나 육신의 눈으로 사람과 세상을 판단합니다. 이것이 잘못이라는 것입니다. 바리새인들이 예수님에게 비판을 받은 가장 큰 이유가 무엇입니까? 그들은 돈을 사랑하고 자기가 옳다는 것으로 판단하였기 때문입니다. 즉 육신의 눈으로 세상과 사람을 보지 말아야 합니다. 우리는 화목하게 하는 말씀으로 살고 이것을 세상에 전해야 합니다.

화목하게 하는 말씀을 전하는 우리는 화목하게 하는 직분을 받았습니다. 모든 것이 다 하나님으로부터 나왔습니다. 하나님께서 본래 창조하신 그대로 회복되는 것이 하나님과 화목하는 것입니다. 사람의 다스림을 받는 자연만물이 인간의 타락으로 말미암아 고통하고 신음하고 있습니다. 바다가 오염되고 강물이 죽어가고 푸른 삼림이 사막화되어 가고 있습니다. 야생동물이 서식지를 잃고 살지 못하니 그 바이러스가 사람에게 전염된 것이 코로나19입니다. 자연 만물을 잘 보존하지 못하면 그 결과 사람도 살 수 없는 지구가 되고 마는 것입니다. 자연 만물도 본래 창조된 그대로 회복되고 사람도 본래 하나님께서 지으신 목적대로 회복되는 것이 곧 하나님과 화목하는 것입니다. 소는 그 임자를 알고 나귀도 그 구유를 알건만 사람은 하나님을 바로 알지 못하고 자신의 본래를 알지 못하여 멸망하는 것입니다. 화목하게 하는 직책이 우리 그리스도인들에게 있다는 것을 잊지 마시길 바랍니다. 화목하게 하는 말씀으로 그리스도의 대신하여 천국의 사신으로 자연과 이웃과 화목하며 하나님을 바라보는 사는 저와 여러분이 다 되시길 바랍니다.

—2020년 8월 16일 주일

이신칭의의 복음

(갈라디아서 1:6-12,2:16)

성경
인생

사람은 누구나 다 의로운 사람이 되길 원합니다. 악인이 되길 원하는 사람은 아무도 없을 것입니다. 누구나 의인이 되길 원하지 악인이 되길 원하지 않습니다. 그런데 문제는 사람을 누구나 그냥 두면 의인이 되기보다는 악인이 되기 쉽다는 것입니다. 선하고 착하게 살면 뭔가 손해 보는 것 같고 악하고 모질게 사는 것이 잘 사는 것이라고 생각합니다. 왜 그렇습니까? 우리가 사는 이 세상이 악하기 때문입니다. 그렇습니다. 이 세상이 악합니다. 그런데 여러분 이 세상이 왜 악할까요? 그것은 인간의 마음속에 악이 있기 때문입니다. 이 세상의 악은 인간 마음속에 있는 악의 투영입니다.

인간의 마음속에 악이 있습니다. 그러니 세상이 악한 것입니다. 이 세상이 악하고 사람이 악하니 사람은 그냥 두면 그대로 악하게 사는 쪽으로 나가게 되어 있습니다. 그래서 흥부처럼 착하게 살면 못살게 되고, 놀부처럼 악하게 살면 잘 살게 된다고 생각하는 것입니다. 그러나 성경은 정반대로 이야기합니다. 흥부처럼 착하게 사는 것이 잘사는 것이요 놀부처럼 악하게 사는 것은 잘 못사는 것이라고 합니다. 자 그렇다면 어떻게 살아야 합니까? 이 세상도 악하고 나도 악하니 그냥 그렇게 악하게 살자는 것입니까? 아닙니다. 앞서 말씀드렸지만 우리 마음속에 악이 있지만 아무도 악인이 되고 싶지 않습니다. 이 세상이 악하고 나도 악하지만 그럼에도 불구하고 착하게 의롭게 살기를 원하는 것입니다. 이것이 악한 인간 실존의 부조리입니다.

갈라디아서 6장 15절입니다. "할례나 무할례가 아무 것도 아니로되 오직 새로 지으심을 받는 것만이 중요하니라." 바울은 갈라디아서에게 가장 중요한 것이 오직 새로 지으심을 받는 것이라고 하였습니다. 할례의 유무가 중요한 것이 아니고, 오직 새로 지으심을 받는 것만이 중요하다는 것입니다. 인간은 나면서부터 악이 있습니다. 그러나 그 악을 씻고 선하게 살려는 의지도 있습니다. 그러므로 악을 씻고 회개하고 날마다 새로운 마음으로 사는 것, 이것이 가장 중요하다는 것입니다.

6절입니다. "그리스도의 은혜로 너희를 부르신 이를 이같이 속히 떠나 다른 복음을 따르는 것을 내가 이상히 여기노라." 사도 바울이 아주 놀라 경악하고 있습니다. 그것은 갈라디아 여러 교회의 교인들이 복음을 떠나 너무나 쉽게 그리고 빠르게 다른 복음을 따르는 것입니다. 여기서 다른 복음이란 무엇입니까? 간단히 말하면 할례를 받아야 구원을 얻는다는 것입니다. 그리스도를 믿더라도

할례를 받아야 하나님의 백성이 될 수 있다는 것입니다. 유대 거짓 교사들의 가르침입니다. 바울은 이것은 복음이 아니라고 합니다. 그리스도의 복음을 왜곡시키는 것이라고 합니다.

7절입니다. "다른 복음은 없나니 다만 어떤 사람들이 너희를 교란하여 그리스도의 복음을 변하게 하려함이라." 8절입니다. "그러나 우리나 혹은 하늘로부터 온 천사라도 우리가 너희에게 전한 복음 외에 다른 복음을 전하면 저주를 받을지어다." 바울은 아주 단호하게 저주를 선언합니다. 그 누구라도 사도나 하늘의 천사라도 우리가 너희에게 전한 복음 외에 다른 복음을 전하면 저주를 받을지어다. 저주를 선언하고 있습니다. 저주, 아나테마! 저주는 함부로 하는 것이 아닙니다. 저주하지 말아야 할 것을 저주하면 그 저주를 내가 당하게 됩니다. 이것은 축복과 같은 원리입니다. 내가 누구를 축복할 때에 그 사람이 그 복을 받을만하면 그 복이 그 사람에게로 갑니다. 그러나 그 사람이 그 복을 받지 못할 사람 같으면 그 복이 내게로 오는 것입니다. 그러니 축복은 마음껏 할 수 있습니다. 같은 원리로 내가 누구를 저주한다고 합시다. 그 사람이 저주를 받을 만한 사람이면 그 저주가 그 사람에게 임합니다.

그러나 그 저주를 받을 만한 사람이 아니면 그 저주가 내게로 임하는 것입니다. 그러니 저주는 함부로 해선 안 됩니다. 그 사람이 저주받을 사람이 아니라면 그 저주가 내게 임하기 때문입니다. 이 원리를 따라 다윗은 아무나 저주하지 않았습니다. 심지어 자기를 죽이려고 하는 사울 왕도 저주하지 않습니다. 끝까지 도리를 지키고 축복하였습니다.

그런데 바울은 두 번이나 강조하며 저주를 선포합니다. 9절입니다. "우리가 전에 말하였거니와 내가 지금 다시 말하노니 만일 누구든지 너희가 받은 것 외에 다른 복음을 전하면 저주를 받을지어다." 왜입니까? 이 복음에 사람의 영원한 생명이 달려 있기 때문입니다. 사람의 영원한 생명이 이 복음에 의하여 결정되기 때문입니다. 그러므로 다른 복음은 사람을 영벌로 이끄는 것입니다. 그러니 바른 복음은 너무나 중요한 것입니다. 이 바른 복음을 믿느냐 믿지 않느냐에 따라 한 영혼의 영원한 생명이 왔다 갔다 하는 것입니다.

11,12절입니다. "형제들아 내가 너희에게 알게 하노니 내가 전한 복음은 사람의 뜻으로 된 것이 아니니라. 이는 내가 사람에게 받은 것도 아니요 배운 것도 아니요 오직 예수 그리스도의 계시로 말미암은 것이라." 바울은 복음의 출처를 분명히 하고 있습니다. 바울이 전한 복음은 사람의 뜻이 된 것이 아닙니다. 이는 사람에게 받은 것도 아니요, 배운 것도 아닙니다. 오직 예수 그리스도의 계시로 말미암은 것입니다. 복음은 예수 그리스도의 계시로 시작된 것입니다.

여러분, 부처나 공자의 가르침을 읽어보면 그것이 사람의 교훈이라는 것을 금방 알게 됩니다. 석가모니는 인간 고통을 고집멸도 사

성제로 봅니다. 즉 인간이 고통을 받는 것은 집착 때문인데 이 집착을 멸하고 도에 이르면 열반에 이르게 된다고 합니다. 그리하여 집착을 멸하고 도에 열반에 이르려면 팔정도를 행해야 한다고 합니다. 팔정도가 무엇입니까? 정견(正見)-바로 보고, 정사(正思)-바로 생각하고, 정어(正語)-바로 말하고, 정업(正業)-바로 행하고, 정명(正命)-바로 목숨을 유지하고, 정정진(正精進)-바로 노력하고, 정념(正念)-바로 기억하고, 정정(正定)-바로 마음을 정하면 도를 깨우치게 되고 열반에 이르게 된다는 것입니다. 여러분 이것이 논리적으로 맞는 말입니까? 틀린 말입니까? 맞는 말이지요? 그래서 부처의 가르침은 잘 살펴보면 아주 논리적입니다. 인간 철학입니다. 인간이 생각할 수 있는 것을 아주 잘 정리해놓은 것입니다. 그러나 그 출처는 인간입니다. 사람에게서 나온 것입니다. 인간의 철학입니다.

하루는 공자의 제자 계로가 공자에게 묻습니다. "스승님 귀신 섬기는 일에 대하여 가르쳐 주십시오." 그러자 공자는 대답합니다. 사람도 제대로 섬기지 못하는데 어떻게 귀신을 섬기겠느냐? 하였습니다. 그러자 계로가 스승님 죽음에 대하여 가르쳐 주십시오. 하였습니다. 그러자 공자가 대답합니다. 삶을 다 알지 못하는데 어떻게 죽음을 알겠느냐? 고 대답했습니다. 공자의 가르침은 한 마디로 말하면 인의예지신(仁義禮智信)입니다. 자비롭게 의롭고 예의를 갖추고 바로 깨닫고 신의를 지키라는 것입니다. 여러분 이 또한 인간의 바른 가르침입니까? 아닙니까? 바른 가르침입니다. 공자는 인류의 위대한 스승입니다. 그러나 그는 분명히 말하고 있습니다. 귀신의 일, 죽음의 일은 모른다고 하였습니다. 모르는 것을 솔직히 모른다고 하였습니다. 그 출처가 인간의 윤리 도리이기 때문입니다.

그런데 예수님은 뭐라고 말씀하십니까? 내가 곧 길이요 진리요 생명이니 나로 말미암지 않고는 아버지께로 올 자가 없느니라. 예수님 자신이 사람의 유일한 길이요 하나 밖에 없는 진리요, 영원한 생명이라는 것입니다. 나로 말미암지 않고는 아버지 하나님께 올 수 없다고 단언하시는 것입니다. 더 나아가 나는 부활이요 생명이니 나를 믿는 자는 죽어도 살겠고 무릇 살아서 나를 믿는 자는 영원히 죽지 아니하리니 이것을 네가 믿느냐? 이렇게 묻는 것입니다. 사실 예수님은 사람 그 자체가 아닙니다. 사람 그 이상입니다. 그러기에 예수님의 가르침은 인간 철학도 윤리도 아닙니다. 진리 그 자체입니다. 사람이 할 수 있는 말 이상을 하셨습니다. 하나님이 하시는 말씀을 하셨습니다. 하나님의 말씀을 하셨습니다. 그렇습니다. 예수님의 가르침은 하나님의 가르침입니다. 인간의 철학이나 윤리 도덕이 아닙니다. 그 이상입니다. 하나님의 계시입니다.

11,12절입니다. 그리하여 바울은 "형제들아 내가 너희에게 알게 하노니 내가 전한 복음은 사람의 뜻을 따라 된 것이 아니니라. 이는 내가 사람에게서 받은 것도 아니요 배운 것도 아니요 오직 예수 그리스도의 계시로 말미암은 것이라." 그렇습니다. 다른 복음은 없습니다. 오직 예수 그리스도의 계시로 말미암은 복음 이외에는 없습니다. 그러므로 우리가 어떻게 살아야 합니까? 우리의 길은 정해

졌습니다. 오직 예수 그리스도를 믿는 믿음입니다. 복음입니다.

10절입니다. "이제 내가 사람들을 좋게 하랴 하나님을 좋게 하랴 사람들에게 기쁨을 구하랴 내가 지금까지 사람들의 기쁨을 구하였다면 그리스도의 종이 아니니라." 사람의 가르침을 따라 살아야겠습니까? 하나님의 말씀을 따라 살아야겠습니까? 부처나 공자를 좋게 해야겠습니까? 예수님을 좋게 해야겠습니까? 사람은 사람의 눈치를 엄청 보면서 삽니다. 다른 사람의 눈길에서 자유하시길 바랍니다. 하나님을 의식하시길 바랍니다. 예수님이라면 어떻게 하실까? 생각하며 사시길 바랍니다.

소요리문답 제 1문 1 답입니다. 사람의 제일 되는 목적은 무엇입니까? 답: 사람의 제일 되는 목적은 하나님을 영화롭게 하는 것과 영원토록 그를 즐거워하는 것입니다. 그렇습니다. 사람은 사랑의 대상이지 믿음의 대상은 아닙니다. 우리가 영원토록 즐거워할 수 있는 분은 하나님입니다. 오직 하나님과 함께 즐거워하시길 바랍니다. 하나님을 좋게 하시길 바랍니다.

갈라디아서 2장 16절입니다. "사람이 의롭게 되는 것은 율법의 행위로 말미암음이 아니요." 사람의 의롭게 되는 것은 부처를 가르침을 따른다고 해서 공자의 가르침을 행한다고 해서 되는 것이 아닙니다. 당시 유대인 거짓 교사들처럼 할례를 행한다고 되는 것이 아닙니다. "오직 예수 그리스도를 믿음으로 말미암는 줄 알므로 우리도 그리스도 예수를 믿나니" 그렇습니다. 오직 예수 그리스도를 믿는 믿음으로 우리는 의롭다함을 받습니다. 이 믿음이 사도들의 믿음이요. 오늘날 우리들의 믿음입니다. "이는 우리가 율법의 행위로써가 아니고 그리스도를 믿음으로써 의롭다 함을 얻으려 함이라." 그렇습니다. 이신칭의! 오직 예수 그리스도를 믿는 믿음으로 의롭다함을 받습니다. "율법의 행위로써는 의롭다함을 받을 육체가 없느니라." 할례를 행함으로 의롭다함을 받는 것이 아닙니다.

할례를 행한다는 것은 율법을 행한다는 뜻인데 그런 사람은 율법 전체를 행해야 할 의무가 있는 것입니다. 율법 전체를 행할 수 있는 사람은 아무도 없습니다. 그리스도 안에서는 할례를 받거나 안 받거나 하는 것이 문제가 아닙니다. 가장 중요한 것은 믿음이 사랑을 통하여 말하는 것입니다. 하나님을 믿는 믿음으로 서로 사랑하는 것입니다.

—2020년 8월 30일 주일

구원의 창시자

(히브리서 2:9-3:1)

성경
인생

몇 달 전에 뒷마당에 붉은 보도블럭을 깔기 위하여 몇 개가 들어갈 것인가 숫자를 세어서 로우(Lowe's)에서 사왔습니다. 정확히 숫자를 마쳐서 사왔기에 간격을 맞추어 하나 하나 놓았습니다. 그런데 놓은 중에 툭 던졌는데 하나가 반이 짝 갈라졌습니다. 그렇다고 버릴 수 없었습니다. 이것을 버리면 이가 맞지 않기 때문입니다. 그래서 그냥 놓았습니다. 다음에 가서 바꾸어오든가 아니면 다른 것으로 교체할 생각으로 그냥 두었습니다. 그러다가 잊어버리고 마냥 그냥 두었습니다. 어제입니다. 비가 억수로 오는데 처마 물받이 밑에 놓은 항아리를 다시 놓는데 벽돌이 필요했습니다. 화단 옆에 붉은 벽돌 넷을 가져다 놓고 네모난 작은 블록으로 놓고 완성을 하였습니다. 그러고 나니 화단 옆은 아무 것도 없는 것입니다. 그때에 생각이 난 것이 반이 갈라진 보도 블럭이었습니다. 그것 둘을 나란히 놓고 붉은 벽돌 하나와 네모난 작은 블록을 놓으니 화단 옆도 말끔하게 되었습니다. 모든 작업이 끝나고 항아리에 받아진 물로 손을 씻으니 흐뭇하였습니다. 빗물이 얼마나 매끈매끈한지 옛

날에는 빗물을 받아서 머리를 감았다고 하잖아요? 그런데 불현 듯 생각나는 것이 있었습니다. 보도블럭이 반으로 깨어졌을 때 잠시 마음이 상하였지만 이내 잊어버리고 말았습니다. 물건이 고장이 나거나 깨어지면 그 때 잠시 마음이 상합니다만 이내 괜찮습니다. 그런데 사람 마음이 깨어지면 그것은 쉽게 잊히지 않습니다. 때로는 너무나 고통스럽습니다. 심지어 그것은 트라우마가 되어 그 사람 일생을 고통스럽게 하기도 합니다. 깨어진 벽돌은 내다버리면 그만입니다. 그러나 깨어진 마음은 내다 버릴 수도 없고 갖고 있자니 너무나 고통스러운 것입니다.

뒹구는 낙엽은 내년에 다시 싹이 날 것을 기대하기에 그냥 둘 수 있습니다. 그러나 여기 저기 뒹구는 조각난 사람의 마음은 그냥 두고 보기엔 위험합니다. 그 조각이 때로는 칼이 되어 찌르고 때로는 포탄이 되어 터집니다. 그리하여 어이없이 죽어간 사람이 아벨 이후에 한둘이 아닌 것입니다. 지금도 계속되어 100초당 한 명이 어이없이 살해당하는 것입니다. 이것을 너무나 잘 아시는 예수님은 "옛 사람에게 말한 바 살인하지 말라 누구든지 살인하면 심판을 받게 되리라 하였다는 것을 너희가 들었으나 나는 너희에게 이르노니 형제에게 노하는 자마다 심판을 받게 되고 형제를 대하여 라가라 하는 자는 공회에 잡혀가게 되고 미련한 놈이라 하는 자는 지옥불에 들어가게 되리라."(마6:21,22) 하였습니다. 형제에게 노하는 것이, 욕하는 것이, 미워하는 것이 결국은 상처받은 마음에서 나오는 것이고 그것은 결국 폭력으로 살인으로 나타나게 되는 것입니다. 그러기에 우리 마음의 분노를 다스려야 합니다. Come down! 욕을 집어삼켜야 합니다. 미워하는 마음을 사랑하는 마음으로 바꾸어야 합니다. 깨어진 보도블록도 다시 가져다 쓸데가 있습니다. 분노가 가라앉고 욕이 목구멍으로 넘어갈 때에 깨어진 마음이 회복되고 상한 마음이 치유되는 것입니다.

9절입니다. "오직 우리가 천사들보다 잠시 동안 못하게 하심을 입은 자 곧 죽음의 고난을 받으심으로 말미암아 영광과 존귀로 관을 쓰신 예수를 보니 이를 행하심은 하나님의 은혜로 말미암아 모든 사람을 위하여 죽음을 맛보려 하심이라." "예수를 보니", 예수님을 바라보시길 바랍니다. 예수님이 누구입니까? 천사들보다 잠시 동안 못하게 하심은 입은 자입니다. 예수님이 천사들보다 잠시라도 못하게 하심을 입을 분이 아닙니다. 예수님 하나님의 영광의 광채시요 그 본체의 형상이십니다. 그런 예수님이 천사보다 잠시라도 못하게 입은 것은 죽음의 고난을 받기 위함이었습니다. 이것은 하나님의 은혜로 말미암은 것입니다. 하나님의 은혜로 예수님은 모든 사람을 위하여 죽음을 맛보셔야 하셨습니다.

10절입니다. "그러므로 만물이 그를 위하고 또한 그로 말미암은 이가 많은 아들들을 이끌어 영광에 들어가게 하시는 일에 그들의 구원의 창시자를 고난을 통하여 온전하게 하심이 합당하도다." 한마디로 말하면 예수님께서 성도의 구원을 십자가를 통하여 완성하셨다는 말씀입니다. 그렇습니다. 십자가의 고난을 통하여 성도의 구원을 완성하신 예수님, 예수님은 구원의 창시자이십니다. 사도행전 4장 12절입니다. "다른 이로써는 구원을 받을 수 없나니 천하 사람 중에 구원을 받을 만한 다른 이름을 우리에게 주신 일이 없는 것입니다." 구원은 오직 예수님의 이름으로 받습니다.

11절입니다. "거룩하게 하시는 이와 거룩함을 입은 자들이 다 한 근원에서 난지라 그러므로 형제라 부르시기를 부끄러워하지 아니하시고" 12절입니다. "이르시되 내가 주의 이름을 내 형제들에게 선포하고 내가 주를 교회 중에서 찬송하리라. 하셨으며" 거룩하게 하시는 이는 누구입니까? 예수님입니다. 거룩함을 입은 자들은 누구입니까? 바로 우리 성도들입니다. 예수님과 성도들은 한 근원에서 났다는 것입니다. 즉 하나님에게 속한 예수님은 하나님의 아들이고 하나님께 속한 성도들은 하나님의 자녀들입니다. 그러므로 형제라 부르는 것을 부끄러워하지 않으시는 것입니다. 그리고 찬양대의 지휘자가 되셔서 주의 이름을 선포하고 주를 찬송하는 것입니다.

13절입니다. "또 다시 내가 그를 의지하리라. 하시고 또 다시 볼지어다. 나와 및 하나님께서 내게 주신 자녀라 하셨으니" 예수님은 또 다시 찬송합니다. 아들로서 아버지 하나님을 의지하는 것입니다. 그리고 또 다시 찬송합니다. 아버지 하나님께서 내게 주신 하나님의 자녀들이라. 하나님의 자녀들인 성도들은 나의 형제자매라고 찬송하는 것입니다.

14절입니다. "자녀들은 혈과 육에 속하였으매 그 또한 같은 모양으로 혈과 육을 함께 지니심은 죽음을 통하여 죽음의 세력을 잡은 자 곧 마귀를 멸하시며" 15절입니다. "또 죽기를 무서워하므로 한평생 매여 종 노릇 하는 모든 자들을 놓아주려 하심이니" 우리를 나의 형제자매라고 찬송하는 예수님은 사람이 혈과 육에 속하였으매 자신도 혈과 육을 입으신 것입니다. 하나님의 아들이 혈과 육을 가진 사람이 되신 것입니다.

혈과 육을 지닌 사람이 되신 것은 죽기 위해서입니다. 왜 죽어야 합니까? 죽음의 세력을 잡은 자 마귀를 멸하게 위해서입니다. 예수님은 죽음을 생명으로 이기시고 마귀를 멸하셨습니다. 그리고 한평생 죽음에 매여 종노릇하며 무서워하는 우리를 사망에서 해방시키신 것입니다.

16절입니다. "이는 확실히 천사들을 붙들어 주려 하심이니요 오직 아브라함의 자손을 붙들어 주려하심입니다." 이 구원의 역사는 천사를 위한 일이 아닙니다. 아브라함의 자손인 믿음의 자녀들을 구원하시려는 것입니다.

17절입니다. "그러므로 그가 범사에 형제들과 같이 되심이 마땅하도다. 이는 하나님의 일에 자비하고 신실한 대제사장이 되어 백성의 죄를 속량하여 하심이라." 그렇습니다. 예수님이 우리와 같이 혈과 육을 입은 것은 마땅한 것입니다. 그 이유는 하나님의 일에 자비하고 신실한 대제사장이 되어 백성의 죄를 속량하려 하심인 것입니다.

말씀을 맺습니다. 하나님의 아들이신 예수님이 혈과 육을 입고 우리 사람과 같이 되어 이 세상에 오신 것입니다. 그 이유는 죽음을 맛보고 죽음을 이기고 우리에게 영생을 주시고자 오신 것입니다. 예수님께서 죽음을 삼키고 이기심으로 죽음의 세력을 잡은 자 마귀를 멸하셨습니다. 그리고 죽기를 무서워하므로 한평생 매여 종노릇하는 우리에게는 영생을 선물로 주신 것입니다. 그리하여 우리 예수님은 구원의 창시자가 되었습니다. 구원의 창시자인 예수님으로 인하여 여러분 인생이 구원을 받고 영생에 이르는 복이 있으시길 바랍니다.

—2020년 10월 11일 주일

먼저 알 것

(베드로후서 1:20-21. 3:3-7)

성경 인생

지난주 제가 여러분에게 질문을 했을 때에 우물쭈물하여서 다시 한 번 질문합니다. 여러분 성경을 쓰면서 죄를 짓나요? 안 짓나요? 우리가 참된 그리스도인이라면 성경을 쓰면서까지 죄를 짓지는 않을 것입니다. 성경을 쓰는 동안에 우리의 마음을 주님께 집중하고 성령의 인도하심을 따라 성경을 쓸 때에 우리 마음이 정결하게 되고 마음이 넓어져서 하나님을 사랑하고 그 사랑으로 이웃을 사랑하는 자리로 나아가게 될 것입니다. 성경을 쓰면서까지 화를 내고 아무개를 미워하고 하면 그것은 마귀의 꼬임에 빠지는 것입니다. 그러므로 겸손하게 하나님께 복종하고 마귀를 물리치시길 바랍니다.

오늘 설교 제목을 보십시오? 뭡니까? 먼저 알 것입니다. 우리가 알아야 할 것들이 많지만 무엇보다도 먼저 알아야 할 것이 무엇인가? 하는 것입니다. 믿음은 들음에서 납니다. 들음은 하나님의 말씀으로 말미암는 것입니다. 그러므로 우리가 먼저 알 것을 하나님에 대한 지식입니다. 기독교강요 제1권은 창조주 하나님에 관한 지식으로 시작합니다. 제1장에 하나님에 관한 지식과 우리 자신에 관한 지식은 서로 연결되어 있다. 그러면 이들은 어떻게 서로 관련되어 있는가? 묻고 첫 번째 대답으로 자신을 알지 못하고는 하나님을 알지 못한다고 답합니다. 그 다음에는 하나님을 알지 못하고는 자신을 알지 못한다고 답합니다. 그렇습니다. 우리가 먼저 알 것은 하나님에 관한 지식이요, 그 지식은 나 자신에 관한 지식과 연결되어서 하나님을 알지 못하고는 내 자신을 바로 알 수 없습니다. 내 자신을 바로 아는 것은 하나님을 바로 아는 길인 것입니다.

베드로후서 1장 20-21절입니다. "먼저 알 것은 성경의 모든 예언은 사사로이 풀 것이 아니니 예언은 언제든지 사람의 뜻으로 낸 것이 아니요 오직 성령의 감동하심을 받은 사람들이 하나님께 받아 말한 것임이라." 우리가 가장 먼저 알아야 할 것은 하나님에 관한 지식이요 그 하나님의 지식과 연결된 나 자신에 대한 지식입니다. 그 지식은 어디에서 얻을 수 있습니까? 하나님의 말씀인 성경에서 얻을 수 있는 것입니다. 그러므로 우리는 먼저 성경을 알아야 합니다. 그러므로 성경의 모든 것은 사사로이 풀 것이 아닙니다.

인간의 육신적인 생각으로 풀 것이 아닙니다. 성경은 사람의 뜻으로 낸 것이 아니요 오직 성령의 감동하심을 받은 사람들이 하나님께 받아 말한 것이기 때문입니다. 성령의 감동은 인스플레이션입니다. 스피릿 즉 영을 인(in) 불어 넣는다는 것입니다. 그러므로 우리는 성경을 읽을 때에 하나님의 영의 인도함으로 성령을 읽어야 합니다. 성령께서 인도하시는 것을 따라서 성경을 읽을 때에 우리는 바른 지식 앎에 이르게 되는 것입니다.

베드로후서 1장은 앎에 대하여 강조하고 있습니다. 2절에 하나님과 우리 주 예수를 앎으로 은혜와 평강이 더욱 많을지어다. 우리가 은혜와 평강을 더욱 많이 받을 수 있는 것은 하나님과 우리 주 예수를 앎으로 말미암는 것입니다. 3절에도 이는 자기의 영광과 덕으로써 우리를 부으신 이를 앎으로 말미암음이라. 우리를 부르신 예수를 앎으로 우리는 예수님의 영광과 덕에 은혜를 받는 것입니다.

자 그럼 예수님의 영광과 덕은 무엇입니까?

4절입니다. “이로써 보배롭고 지극히 큰 약속을 우리에게 주사 이 약속으로 말미암아 너희가 정욕 때문에 세상에서 썩어질 것을 피하여 신성한 성품에 참여하는 자가 되게 하려 하셨느니라.” 예수님의 영광과 덕은 신성한 성품에 참여하는 것입니다. 신성한 성품은 무엇입니까? 하나님의 성품입니다.

5-7절입니다. “그러므로 너희가 더욱 힘써 너희의 믿음에 덕을 덕에 지식을 지식에 절제를 절제에 인내를 인내에 경건을 경건에 형제우애를 형제우애에 사랑을 더하라.” 자, 하나님의 성품에 참여하는 자는 어떻게 해야 합니까? 이것은 하나님을 바로 알고 또한 내 자신을 바로 아는 참된 진리를 기초로 합니다. 우리의 믿음이 참된 진리 위에 서있다면 먼저 우리는 반드시 하나님이 살아계

신 분이심을 믿습니다. 그의 아들 예수 그리스도로 말미암아 우리가 구원을 받은 것도 믿습니다. 그리고 우리는 성령의 인도하심을 따라 살아가는 것을 믿습니다. 우리는 이 믿음으로 사는 것입니다.

"믿음에 덕을" 믿음에 덕이 있어야 합니다. 덕은 무엇입니까? 덕은 하나님 은혜입니다. 하나님께서 우리를 은혜로 보살펴주시는 것 같이 우리가 다른 사람을 대할 때에도 은혜로 대해야 합니다. 믿음에 덕이 없으면 다른 사람을 판단하고 정죄하기 쉽습니다. 하나님께서 우리를 은혜로 대하시는 것과 같이 우리도 다른 사람을 은혜로 대하시길 바랍니다.

"덕에 지식을", 덕에 지식을 더하여야 합니다. 지식은 하나님 중심의 지식이 있는가 하면 인간 중심의 지식이 있습니다. 간단하게 말해서 하나님 중심 지식을 창조론이라고 하면, 인간 중심의 지식은 진화론입니다. 우리는 인간 중심의 지식을 아예 무시하고 살 수 없습니다. 왜냐하면 수많은 사람들이 진화론에 근거한 인본주의로 살고 있기 때문입니다. 그러므로 우리는 이 지식을 참고로 하되, 하나님 중심의 지식 신본주의로 살아야 합니다.

"지식에 절제를", 지식이 많아지면 사람은 교만하기 쉽습니다. 내가 아는 것이 전부라고 생각하기 쉽습니다. 반대로 지식이 많아지면 질수록 모르는 것이 많아집니다. 그래서 겸손하게 신본주의 지식을 구하면 좋은데 혼돈에 빠져서 우물쭈물하고 갈팡질팡하기

십상입니다. 그러므로 우리는 하나님 중심 지식으로 중심을 잡아야 합니다. 인본주의를 신본주의보다 앞세우면 안 됩니다. 그리고 인본주의의 바다에 빠져 혼돈 속에 허우적거려도 안 됩니다. 그러므로 우리는 지식에 절제를 해야 합니다.

"절제에 인내를", 하나님 중심 지식은 지금 이 세상에서 엄청난 공격을 받고 있습니다. 근본주의자로 보수주의자들은 변할 줄 모르는 고집쟁이들이라는 등 엄청난 공격을 받고 있습니다. 사실 우리는 근본주의자도 아니요 보수주의자도 아닌 개혁주의자들이 되어야 합니다. 하나님의 말씀으로 항상 회개하고 개혁하고 새로워져야 하는 것입니다. 우리는 참 진리의 말씀 가운데 샘솟은 하나님의 은혜로 새로워져야 합니다. 그러므로 우리는 인내해야 합니다. 진리와 복음을 위하여 목숨을 바쳐 충성하는 믿음으로 초지일관 시종여일해야 합니다. 흔들리지 말고 인내해야 합니다.

"인내에 경건을", 그렇습니다. 우리는 하나님을 닮아야 합니다. 하나님을 가까이 해야 합니다. 마귀를 멀리해야 합니다. 하나님을 닮아 하나님의 성품에 이르는 것이 우리의 목표입니다. 이 목표를 따라 날마다 하나님을 닮아가야 합니다.

그리고 "경건에 형제 우애를", 지금까지 믿음에 덕을 덕에 지식을 지식에 절제를 절제에 인내를 인내에 경건을 이러한 덕목들은 눈에 잘 보입니까? 안 보입니까? 잘 보이지 않습니다. 신자 내면의 덕목과

관련된 것들이기 때문입니다. 그런데 형제 우애, 이것은 눈에 보입니까? 안 보입니까? 여러분 자녀들이 가정에서 싸우며 사는지 서로 사이좋게 사는지 눈으로 볼 수 있습니까? 없습니까? 볼 수 있습니다. 형제우애는 눈에 보이는 것입니다. 교회에서 성도들간에 우애가 있는 것은 목사의 눈에 보입니다. 여러분의 눈에도 보입니다. 성도의 내면적인 덕목은 결국 형제 우애로 나타나는 것입니다. 여러분, 가정이 우리 교회가 형제 우애가 넘쳐나는 것이 되길 축복합니다. 형제우애에 사랑을 더하라. 그렇습니다. 신자의 믿음의 덕목들은 결국 형제우애로 나타나며 거기에 더해져야 하는 것은 사랑입니다. 하나님 사랑입니다. 무조건적인 아가페 사랑입니다. 신자와 신자 사이의 사랑에 하나님의 사랑이 더하여 지는 복이 있길 바랍니다.

말씀을 맺습니다. 먼저 할 것은 하나님을 아는 것입니다. 성경을 아는 것입니다. 예수를 아는 것입니다. 성경의 진리를 알고 하나님의 성품에 참여하며 예수 그리스도를 닮아가는 것입니다. 노아 때에는 물로 이 세상이 멸망하였습니다. 앞으로 머지않아 이 세상은 불로 멸망당하고 새하늘과 새 땅이 임할 것입니다. 하늘이 불에 타서 풀어지고 물질이 뜨거운 불에 녹아내릴 것입니다. 그런 중에 땅과 그 중에 있는 모든 일이 드러날 것입니다. 그 드러나는 것이 무엇입니까? 그것은 믿음에 덕을 덕에 지식을 지식에 절제를 절제에 인내를 인내에 형제우애를 형제우애에 사랑으로 살아 하나님의 성품에 참여한 것들은 보석처럼 빛나게 드러날 것입니다.

—2020년 11월 1일 주일

값없이…

(요한계시록 3:14-22)

성경 인생

죄의 삯은 사망이요 하나님의 은사는 그리스도 예수 우리 주 안에 있는 영생이니라. 복음입니다. 믿으시길 바랍니다. 죄의 삯은 사망이요 여기서 말씀이 끝이 났다면 이것은 법이지요. 그러나 하나님의 은사는 그리스도 예수 우리 주 안에 있는 영생이니라. 하니 복음인 것입니다. 하나님의 은혜는 무궁무진합니다. 영원합니다. 무엇으로 영원합니까? 생명으로 영원합니다. 그리스도 예수 우리 주 안에 있는 영원한 생명으로 영원합니다. 그러니 우리가 그리스도 예수 주 안에 있는 것이 얼마나 놀라운 은혜인지 모릅니다. 주 안에 있는 나에게 딴 근심 있으라 십자가 밑에 나아가서 죄 짐을 풀었네 주님을 찬송하면서 할렐루야! 할렐루야! 내 앞 길 멀고 험해도 나 주님만 따라가리. 주님이 오늘이라도 당장 오시면 좋으련만 언제 오실지 모르니 우리는 그저 내 앞 길 멀고 험해도 나 주님만 따라가는 것입니다

사랑하는 성도 여러분, 여러분 이 세상을 살면서 가장 어려운 문

제가 무엇입니까? 돈을 버는 것입니까? 돈을 버는 사람들은 돈 버는 것만큼 쉬운 것이 없다고 합니다. 그 사람들은 돈을 버는 방법이 보인다고 합니다. 언젠가 한 가게가 개업한다고 해서 갔습니다. 그 가게 주인 부부가 물건을 진열하고 부지런히 상품을 정리하고 있었습니다. 그런데 주인 아닌 다른 여자 분 한 분 가운터에 계시더라고요? 그런데 그 여자 분이 손님을 맞기도 하고 하는 것이 꼭 주인인 것 같았습니다. 그런데 몇 해 지나서 보니 그 여자 분이 그 가게의 주인이 되어있었습니다. 그 여자 분이 한 말입니다. 자신은 돈을 버는 방법이 보인다고요. 그러니 그런 분하고 친구가 되어 돈을 벌려고 하면 쉽지는 않겠지만 돈을 벌 수 있을 것 같습니다.

저는 돈 버는 것에는 문외한 이지만 IMF 어려운 환란 중에 서울대방교회 청년부를 맡고 있었습니다. 그 때에 청년들에게 설교하면서 앞으로 10년 후에 부자가 되려면 지금 주식에 투자해라 강조한 적이 있습니다. 그 때에 그 말을 듣고 주식을 한 친구가 바로 여러분에게 마스크를 선물한 임용우 집사입니다. 여러분 지금 돈 버는 방법 한 가지 알려드릴까요? 워렌 버핏이 얼마 전에 자신이 가지고 있었던 항공 관련 주식을 많이 매각했지요? 그 때에 저는 그런 생각을 했습니다. 아 항공관련 주식을 사면 앞으로 2-3년 후에는 돈을 벌겠구나. 믿거나 말거나! 여러분 이 크레스트뷰에서 정말 돈을 벌고 싶으십니까? 집이 없는 사람은 작은 집이라도 사시면 됩니다. 집을 한 채 가진 분은 한 채 더 사시면 앞으로 5년 후에는 돈을 좀 벌 것입니다. 믿거나 말거나! 제가 왜 이런 말을 합니까?

돈 버는 것이 어렵지만 쉬울 수도 있다는 것을 말하려는 것입니다. 그러면 우리 인생에 정말 어려운 문제는 무엇입니까?

죄 문제입니다. 물을 마시지 않고 살 수 있는 사람은 없습니다. 숨을 쉬지 않고 사는 사람도 없습니다. 마찬가지로 죄를 짓지 않고 사는 아무도 사람은 없습니다. 다 죄를 짓고 삽니다. 어쩌면 우리가 살아 있다는 것 자체가 죄를 짓고 사는 것일 겁니다. 죄는 우리에게 고통을 가져다줍니다. 질병을 가져다줍니다. 죄는 우리 마음의 평안을 앗아갑니다. 죄는 그냥 두면 그것으로 인하여 영원한 멸망을 당하게 되는 것입니다. 그러기에 그 죄 문제를 그 때 그 때 해결하지 않고 그냥 두면 영원한 사망에 이르게 되는 것입니다. 개구리를 뜨거운 물에 던지면 그냥 뛰쳐나옵니다. 그러나 미지근한 물에 넣어 두고 밑에다 불을 지피면 점점 뜨거워지는 그것도 모르고 그 속에서 삼기고 마는 것입니다.

지난 번에 우리의 영혼에는 영혼의 빛이 있고 영혼의 어둠이 있다고 하였습니다. 우리의 영혼이 주님이 주시는 밝은 빛으로 비추일 때 우리는 하늘의 기쁨과 평안을 누립니다. 일어나 빛을 발하게 됩니다. 하나님을 사랑하고 선한 일을 하게 됩니다. 그러나 우리의 영혼이 세상이 주는 어둠에 처하면 세상과 짝하여 죄를 짓게 되는 것입니다. 이 세상 우상을 섬기고 욕심을 부리고 세상이 주는 쾌락에 젖어 살게 되는 것입니다. 이것이 결국 멸망인지도 모르고 그렇게 사는 것입니다.

14절입니다. “라오디게아 교회의 사자에게 편지하라 아멘이시요 충성되고 참된 증인이시요 하나님의 창조의 근본이신 이가 이르시되” 예수님은 누구십니까? 아멘이십니다. 충성되고 참된 증인이십니다. 창조의 근원이십니다. 이것에 문제가 되는 분 있습니까? 없는 줄로 압니다. 이것에 문제가 되면 그는 이단입니다. 15절입니다. “내가 네 행위를 아노니 네가 차지도 아니하고 뜨겁지도 아니하도다 네가 차든지 뜨겁든지 하기를 원하노라.” 예수님은 우리의 행위를 확실하게 아십니다. 그러므로 우리는 주님을 확실히 믿어야 합니다. 우리가 주님을 믿는다 하면서 적당히 영혼의 빛을 맛보고 적당히 영혼의 어둠 속에 젖어 살고 하지 말하는 것입니다. 믿으려면 확실하게 믿으라는 것입니다. 16절입니다. “네가 이같이 미지근하여 뜨겁지도 아니고 차지도 아니하니 내 입에서 너를 토하여 버리리라.” 이 세상 사람이 이 세상에 젖어 사는 것 그것은 정상입니다.

그런데 믿는다고 하는 사람이 적당히 하나님의 은혜를 맛보고 적당히 세상에 젖어 사는 것은 더 큰 문제입니다. 자 영혼의 빛을 흰색이라고 합시다. 영혼의 어둠은 검은색입니다. 하나님 은혜도 맛보고 세상에도 젖어 살고 하면 어떻게 됩니까? 흰색과 검은색이 뒤섞입니다. 그러면 무슨 색이 됩니까? 회색이 됩니다. 회색은 검은색도 흰색도 아닙니다. 전혀 다른 색입니다. 하나님이 아주 싫어하는 것이 혼합주의입니다. 그러니 주님께서 토해 버리는 것입니다. 영혼의 어둠의 검은색이 들어오면 우리는 어떻게 해야 합니까? 어린양의 보혈의 피로 희게 씻어야 합니다. 그래서 영혼의 빛 하얀색을 계속 유지해야 하는 것입니다.

17절입니다. “네가 말하기를 나는 부자라 부요하여 부족한 것이 없다 하나 네 곤고한 것과 가련한 것과 가난 한 것과 눈 먼 것과 벌거벗은 것을 알지 못하는 도다.” 나는 부자라 부요하여 부족한 것이 없다고 합니다. 세상에 젖어 사니 재물이 그를 부요하게 합니다. 세상 쾌락이 그를 즐겁게 합니다. 좋은 옷을 입고 좋은 음식을 먹고 건강하니 날마다 즐기는 것입니다. 아모르 파티! 네 운명을 사랑하라는 근엄한 말입니다. 그런데 결혼은 선택 사랑은 필수 여기서 사랑은 남녀간의 사랑을 말하지요. 쏜 화살처럼 마음 가는 데로 사랑하라는 것입니다. 파티가 운명이 아니라 쾌락 파티가 되는 것입니다. 그러나 이것이 문제인 것을 모릅니다. “그러나 네 곤고한 것과 가련한 것과 가난한 것과 눈 먼 것과 벌거벗은 것을 알지 못하는도다.” 죄로 인하여 곤고하고 가련합니다. 영적인 은사가 없어서 가난합니다. 말씀에는 눈이 멀었습니다. 영적으로는 완전히 벌거벗은 것입니다. 이것을 알지 못하는 것입니다. 알지 못하니 어떻게 해야 합니까? 알아야 하지요. 깨달아야 합니다.

18절입니다. “내가 너를 권하노니 내게서 불로 연단한 금을 사서 부요하게 하고 흰 옷을 사서 입어 벌거벗은 수치를 보이지 않게 하고 안약을 사서 눈에 발라 보게 하라.” 나의 주님이 권합니다. 나에게 권합니다. 내가 너를 권하노니 내게서 불로 연단한 금을 사서 부요하게 하라. 불로 연단한 금은 순금을 말합니다. 순금은 무엇을 의미합니까? 믿음입니다. 금보다 귀한 믿음을 사라는 것입니다. 살려면 돈이 필요한 것 아닙니까? 그런데 이것은 너무나 귀하여서 돈을 주고 살 수 없습니다. 그래서 주님은 돈 없이 값없이 와서 금보다 귀한 믿음을 사라고 하시는 것입니다. 이사야 55장 1절입니다. "오호라 너희 모든 목마른 자들아 물로 나아오라 돈 없는 자도 오라 너희가 와서 사먹되 돈 없이 값없이 포도주와 젖을 사라!" 이것을 알아야 합니다. 금보다 귀한 것이 믿음입니다. 믿음으로 살기 위해 돈은 필요한 만큼 버는 것입니다. 돈이 많아서 돈이 독이 되지 않도록 돈보다는 믿음을 세우는 일에 우선하는 것입니다.

"흰 옷을 사서 입어 벌거벗은 수치를 보이지 않게 하고" 주님에게 흰 옷을 산다는 것은 무엇을 말합니까? 경건의 옷을 사는 것입니다. 경건은 주님을 닮아가는 것입니다. 우리의 영혼이 주님을 닮아가는 경건의 옷을 입어야 합니다. 이 경건의 옷도 주님은 그냥 주십니다. 너무나 귀하기에 돈 없이 값없이 주는 것입니다. 그러기에 이 옷은 다른 어떤 옷보다도 귀한 옷입니다. 우리는 이 경건의 옷을 입고 주님의 신부가 되어 주님과 만나 천국 혼인 잔치에 들어가게 될 것입니다.

"안약을 사서 눈을 발라 보게 하라." 우리가 주님께 사야하는 안약은 무엇입니까? 사람의 눈에나 하나님의 눈에 모두 다 잘 보이는 것이 무엇이라고 하였습니까? 형제우애와 사랑이라고 하였습니다.

그렇습니다. 우리는 주님께 안약을 사서 발라야 합니다. 사랑의 안약의 사서 발라야 합니다. 사랑의 눈이 밝아져서 주님을 보아야 합니다. 주님을 사랑하는 그 눈으로 형제자매들을 보아야 합니다.

19절입니다. "무릇 내가 사랑하는 자를 책망하여 징계하노니 그러므로 네가 열심을 내라 회개하라."

주님은 사랑하는 자는 책망하여 징계하십니다. 왜요? 사랑하니까? 금보다 귀한 믿음을 가지라고 경건의 옷을 입으라고 사랑의 눈이 밝아지라고 책망도 하고 징계도 하는 것입니다. 20절입니다. "볼지어다. 내가 문 밖에 서서 두두리노니 누구든지 내 음성을 듣고 문을 열면 내가 그에게로 들어가 그와 더불어 먹고 그는 나와 더불어 먹으라." 이 문은 우리의 마음의 문입니다. 잠겨진 문은 밖에서 열 수 없습니다. 안에서 열어주어야 열리는 것입니다. 하늘의 문은 하나님께서 사도 요한에게 열어주시니까 요한이 본 것입니다. 마찬가지입니다. 나의 마음 문은 내가 열어야 주님이 들어오십니다. 주님은 우리의 마음 문을 두드리고 계시는 것입니다. 마귀에게 마음 문을 열지 마시고 주님께 여시길 바랍니다. 주님을 모시길 바랍니다. 주님과 더불어 먹고 마시는 천국 잔치가 벌어지길 바랍니다. 금보다 귀한 믿음에 대하여, 경건의 거룩한 옷에 대하여, 사랑의 안약에 대하여, 주님과 함께 잔치를 벌이시길 바랍니다. 믿음의 잔치 경건의 잔치 사랑의 잔치를 즐기시길 바랍니다.

21절입니다. "이기는 그에게는 내가 내 보좌에 함께 앉게 하여 주기를 내가 이기고 아버지 보좌에 함께 앉는 것과 같이 하리라." 믿음의 잔치 경건의 잔치 사랑의 잔치의 마지막 피날레는 주님과 함께 주님의 보좌에 앉는 것입니다. 이기는 그에게는 내가 내 보좌에 함께 앉게 하여 주기를 내가 이기고 아버지 보좌에 함께 앉는 것과 같이 하리라. 주님이 아버지 하나님의 보좌에 앉는 것은 당연합니다. 그러나 우리가 주님의 보좌에 앉는 것은 과분한 것입니다. 과분하다 못해 있을 수 없는 일입니다. 그런데 주님은 우리를 자신의 보좌에 앉히시는 것입니다. 상상만 해도 아주 놀랍습니다. 아주 아찔합니다. 22절입니다. "귀 있는 자는 성령이 교회;들에게 하시는 말씀을 들을지어다." 여러분 귀가 다 있지요? 없는 사람 없습니다. 다 있습니다. 그러나 영혼의 귀가 있나요? 믿음의 잔치 소리가 들립니까? 경건의 잔치 소리가 들립니까? 사랑의 잔치 소리가 들립니까? 귀 있는 자는 성령이 교회들에게 하시는 말씀을 들으시길 바랍니다. 오늘은 추수감사주일입니다. 올해 한 해 여러분, 믿음의 금을 얼마나 쌓으셨습니까? 경건의 거룩한 옷은 깨끗합니까? 사랑의 눈이 밝아졌나요? 영육간에 풍성한 추수감사절이 되시길 예수님의 이름으로 축복합니다.

—2020년 11월 22일, 추수감사주일

세 가지 시험

(마태복음 4:1-11)

성경 인생

마태복음 4장 1절에 보면 "그 때에 예수께서 성령에게 이끌리어 마귀에게 시험을 받으러 광야로 가사" 이 구절을 읽을 때에 늘 드는 생각은 예수님께서 마귀에게 세 가지 시험을 받으시는 것은 꼭 정해진 수순에 따라 꼭 해야 하는 것 같은 느낌을 받습니다. 예수님께서 공생애를 시작하시면서 먼저 세례 요한에게 세례를 받으시고, 그 다음에는 마귀에게 세 가지 시험을 받으시고, 자신의 사명 선언을 하십니다. "회개하라 천국이 가까웠느니라!" 그리고 제자들을 부르시고 천국 복음을 전파하시며 백성들의 병과 약한 것을 고치시고 산상설교를 하시는 것입니다. 이것은 마치 계획된 순서대로 행하시는 것 같은 느낌을 받습니다.

이 다음에 천국에 가면 예수님에게 한 번 물어보고 싶습니다. 왜 예수님은 마귀에게 시험을 받으셔야만 했나요? 마귀에게 시험을 받지 않고 그냥 공생애를 시작하면 안 되나요? 제가 추측하건데 인간의 몸을 입고 오셨기에 사람들이 이 세상에서 당하는 시험을 예수님께서도 받으셔야 함으로 성령에 이끌려 광야에서 마귀에게 시험을 받으신 것이 아닌가 생각해 봅니다.

사실 마귀가 예수님을 세 가지로 시험한 것은 우리 인간에게 시험꺼리가 되는 가장 대표적인 세 가지입니다. 예수님은 물론 하나님의 말씀으로 마귀의 시험을 훌륭하게 물리치셨습니다. 그렇다면 과연 우리는 어떠한가요?

오늘은 2020년 12월 27일 마지막 송년주일입니다. 이전에 우리가 전혀 당하지 못했던 코로나19 팬데믹 초유의 사태를 경험하고 있습니다. 사랑하는 성도 여러분 많이 힘드셨지요? 그럼에도 불구하고 우리가 이 자리에 앉아 있는 것을 보면 여러분은 이 코로나19를 잘 이겨내고 계신 것입니다. 여러분 한 분 한 분을 응원합니다. 잘 하셨습니다. 여러분 정말 고생이 많으십니다. 수고가 많습니다. 아직 끝난 것은 아니지만 우리 주위에 백신을 맞기 시작하는 분들이 나오는 것을 보면 그 끝이 보이는 듯하여 감사합니다. 이 또한 지나가리라! 우리가 사망의 음침한 골짜기와 같이 이 사태가 결국은 지나갈 것입니다. 마스크를 벗는 그 날이 반드시 올 것입니다. 2021년 새해를 맞이하며 새해에는 반드시 마스크를 벗을 것이다 하는 소망을 가져봅니다.

오늘 본문으로 돌아가서 예수님이 마귀에게 시험을 받으신 것은 예수님이 인간의 몸을 입고 이 세상에 오셨기 때문이라고 하였습니다. 그렇다면 마귀가 예수님을 시험한 이 세 가지는 마귀가 우리 사람을 시험하는 가장 대표적인 것 세 가지라고 할 수 있습니다.

2020년을 보내고 2021년을 맞이하면서 마귀의 시험에 굴복하셨습니까? 아니면 승리하시고 있습니다. 우리 각자 자신을 살펴보며 은혜를 나누고자 합니다.

첫째 마귀가 우리를 시험하는 것이 무엇입니까? 이 돌들로 떡덩이가 되게 하라는 것입니다. 즉 먹고 사는 문제로 우리를 시험합니다. 사람이 왜 일합니까? 먹고 살자니 일하는 것입니다. 그래서 옛날 우리 어른들은 일하기 싫거든 먹지도 말라고 하였습니다. 일하지 않고 먹고 마시고 노는 사람은 놈팽이라고 하고 금수만도 못하다고 하였습니다. 6.25 이후 1960~70년대만 해도 한국인들에게 먹고 사는 것이 가장 큰 문제였습니다. 1970년대 경제발전이 시작되면서 한국인들은 좀 먹고 살게 되었습니다. 아직도 힘드신 분들이 있지만 이제는 먹고 사는 문제는 거의 해결되었습니다. 그러나 북한은 아직도 먹고 사는 것이 문제입니다. 지금도 세계 인구 중에 열 명 중에 한 명은 기아선상에서 허덕이고 있습니다.

예수님께서 말씀하시는 핵심은 무엇입니까? 먹고 사는 것을 무시하라는 것은 아닙니다. 마태복음 4장 4절입니다. "예수께서 대답하여 이르시되 “기록되었으되 사람이 떡으로만 살 것이 아니요 하나님의 입으로부터 나오는 모든 말씀으로 살 것이라 하셨느니라 하시니”

그렇습니다. 사람에게는 먹고 사는 것이 문제입니다. 금강산도 식후경입니다. 그러나 먹고 사는 것보다 더 중요한 것이 있다는 것입니다. 먹고 사는 것 이상이 있는 것입니다. 마귀는 사람이 먹고 사는 일에만 집중하게 하여 그것만이 전부라고 우리를 속이고 있습니다. 그러나 사람에게는 먹고 사는 것 이상이 있습니다. 그것은 바로 하나님의 입에는 나오는 말씀으로 사는 것입니다.

2021년에는 여러분 말씀 인생이 되시길 바랍니다. 2021년 우리 교회 표어는 성경인생입니다. 성경을 쓰고 읽고 공부하고 성경을 가까이 하면서 하나님의 입에서 나오는 말씀으로 사시길 바랍니다. 우리는 이 세상 사람들과는 다릅니다. 우리는 하나님의 말씀을 가까이 하는 특별한 사람들입니다. 내가 특별해서가 아니라 말씀하시는 하나님이 특별하시니까 우리가 특별한 사람이 되는 것입니다. 특별 계시인 성경 말씀을 가까이 하여 매일 특별한 인생을 사시길 바랍니다. 마귀에게 속아서 먹고 사는 것만이 전부라는 생각에서 벗어나시길 바랍니다. 특별하신 하나님의 말씀을 먹고 사는 여러분은 특별한 인생을 살게 될 것입니다. 성경 인생을 살게 되실 것입니다.

둘째는 마태복음 4장 7절입니다. "예수께서 이르시되 또 기록하였으되 주 너희 하나님을 시험하지 말라 하셨느니라 하시니" 하나님을 의심하지 말라는 것입니다. 하나님을 시험하지 말라는 것입니다.

마귀가 사람들에게 넣어주는 생각은 무엇입니까? 하나님이 없다는 것입니다. 하나님이 있다면 이 세상이 왜 이렇게 고통스러운가 하는 것입니다. 테스형 세상이 왜 이래 왜 이렇게 힘들어! 이 세상이 이렇게 부조리한 것을 보면 하나님이 죽었다는 것입니다. 하나님이 살아계신다면 이 세상이 이럴 수 없다는 것입니다.

여러분 하나님이 죽었습니까? 마귀를 따라 가는 사람들에게는 하나님이 죽었습니다. 그들은 이미 영적으로 사망 상태에 있습니다. 하나님이 살아계심을 알 수 없습니다. 그러나 영적으로 살아있는 사람은 결코 하나님이 없다 죽었다 할 수 없습니다. 하나님은 지금도 살아계십니다. 불신앙을 가진 사람들에게는 하나님이 보이지 않습니다. 물론 신앙을 가진 사람들에게도 눈으로는 하나님을 볼 수 없습니다. 그러나 믿음의 눈으로 보면 하나님이 살아계시다는 것을 알게 됩니다.

히브리서 11장 6절입니다. 믿음이 없이는 하나님을 기쁘시게 하지 못하나니 하나님께 나아가는 자는 반드시 그가 계신 것과 또한 그가 자기를 찾는 자들에게 상 주시는 이심을 믿어야 할지니라.

우리가 성경을 쓰고 성경을 읽다가 보면 알게 되는 것이 무엇입니까? 살아계신 하나님이 얼마나 크신 분이신지 모릅니다. 예수님이 얼마나 존귀하신 분이인지 알게 되는 것입니다. 성령님이 얼마나 보배로우신 분인지 깨닫게 됩니다. 그 크신 하나님이 그 존귀하신 예수님이 그 보배로우신 성령님이 우리를 각자 각자 한 사람 한 사람을 사랑하시는 것입니다. 할렐루야!

그 크신 하나님, 그 존귀하신 예수님, 그 보배로우신 성령님! 거기에 비하면 우리는 먼지만도 못하고 버리지 만도 못한 별수 없는 인간입니다. 그런데 하나님께서 우리를 사랑하시어 지명하여 부르십니다. 너는 내 것이라고 하십니다. 내가 너를 속량하였으니 두려워하지 말라고 하십니다. 사랑하시되 끝까지 사랑하시는 것입니다.

마귀는 이 하나님의 사랑에서 우리를 끊어놓으려고 하는 것입니다. 사도 바울은 외칩니다. 로마서 8장 35절입니다. "누가 우리를 그리스도의 사랑에서 끊으리요 환란이나 곤고나 박해나 기근이나 적신이나 위험이나 칼이랴" 바울은 확신합니다. 로마서 8장 38-39절입니다. "내가 확신하노니 사망이나 생명이나 천사들이나 권세자들이나 현재 일이나 장래 일이나 능력이나 높음이나 깊음이나 다른 어떤 피조물이라도 우리를 우리 주 그리스도 예수 안에 있는 하나님의 사랑에서 끊을 수 없으리라."

살아계신 하나님이 나를 지으셨음을 잊지 마시길 바랍니다. 나를 지명하여 불러 속량하셨음을 믿으시길 바랍니다. 하나님이 나를 사랑하시는 그 사랑에서 나는 결코 떨어질 수 없음을 믿으시길 바랍니다. 하나님을 시험하지 마시길 바랍니다. 하나님을 의심하지 마시길 바랍니다. 마귀에게 속지 마시길 바랍니다.

셋째는 마태복음 4장 10절입니다. “이에 예수께서 말씀하시되 사탄아 물러가라 기록되었으되 주 너의 하나님께 경배하고 다만 그를 섬기라 하였느니라.”

마귀의 술책은 우리가 하나님 아닌 다른 것을 섬기게 하려고 합니다. 대표적인 것이 재물입니다. 이 세상에서 돈이면 안 되는 것이 없다는 것을 사람들에게 주입시켜 재물의 노예로 살게 하는 것입니다. 돈을 위해 사는 인생이 되게 합니다. 권력을 위해 사는 인생이 되게 합니다. 명예를 위해 사는 인생이 되게 합니다.

제가 코로나19에 걸려보니 코로나19에서 낳는 것이 돈으로 되는 것이 아니더구요. 성경 말씀은 분명합니다. 주 너의 하나님께 경배하고 다만 그를 섬기라 우리가 경배할 것은 오직 하나님입니다. 우리가 섬길 것은 오직 예수님 밖에 없습니다. 다른 이는 없습니다. 오직 예수님입니다.

그러므로 우리는 예수 인생이 되어야 합니다. 예수의 제자로 살아야 합니다. 예수님께서 사탄의 시험을 모두 다 기록되었으니 성경 말씀으로 물리치셨습니다. 그렇습니다. 우리도 예수님처럼 성경 인생이 되어야 합니다. 말씀으로 마귀를 물리치고 말씀으로 오직 하나님을 섬기고 경배해야 합니다. 하나님을 섬기는 그 사랑으로 이웃을 축복하며 성경 인생을 사시길 바랍니다. 말씀 인생을 사시길 축복합니다.

말씀을 맺습니다. 2020년도 몇 날 남지 않았습니다. 2021년 새해가 다가오고 있습니다. 하나님 앞에서 마귀가 예수님을 시험하듯이 마귀가 우리를 시험하는 이 세상 가운데 살고 있습니다.

여러분 무엇으로 사십니까? 먹고 사는 것에만 집중하다 하나님의 말씀으로 사는 고귀한 것을 잊고 삽니까? 사람은 떡으로만 사는 것이 아닙니다. 하나님의 입에서 나오는 말씀으로 사는 2021년이 되시길 바랍니다. 우리 육신의 눈에 하나님이 보이지 않는다고 하나님이 없습니까? 아닙니다. 나를 지으신 이가 하나님이요 버러지만도 못한 나를 속량하여 지명하여 부르신 이는 살아계신 하나님입니다. 살아계신 하나님을 의심하지 마시길 바랍니다. 살아계신 하나님을 믿으시길 바랍니다.

우리가 섬길 대상은 오직 하나님 이외에 다른 분은 없습니다. 재물 인생이 되지 마시길 바랍니다. 권력 인생, 명예 인생도 되지 마시길 바랍니다. 마귀에게 속아 사는 인생이 되지 마시길 바랍니다. 오직 하나님을 섬기는 말씀 인생이 되시길 바랍니다. 복된 성경 인생이 되시길 예수님의 이름으로 축복합니다.

—2020년 12월 27일 송년주일

소리 질러

(마태복음 14:22-33)

성경
인생

마태복음을 쓰다가 눈에 뜨인 단어가 하나 있습니다. 다름 아닌 '소리 질러'입니다. 여러분은 어떤 때에 소리를 지릅니까? 보통 사람들은 다급할 때에 소리 지릅니다. 어린 아이가 차가 오는 줄도 모르고 도로로 뛰어갈 때에 소리를 지르지 않을 수 없습니다. "아무개야 멈춰!" 또한 엄청 좋은 일이 생겼을 때에 소리를 지릅니다. 아주 신이 나서 소리 지릅니다. "야 대박이야! 대박이야!" 뭔지 모르지만 대박이 터졌을 때에 소리를 지릅니다.

또한 너무 고통스러울 때에도 소리를 지릅니다. 도무지 감당할 수 없는 고통 속에서 소리를 지르지 않을 수 없는 것입니다. 한국에서 가장 보기 어려운 일이 뭔가 하면, 요즈음 한국은 매장보다 화장을 많이 합니다. 가끔 성도가 소천하여 화장장에 가면, 어린아이가 죽어 작은 관이 화로 속으로 들어갈 때에 애 엄마가 소리 지르며 우는 것은 차마 볼 수 없습니다. 때로는 소리 지르기를 유도하는 경우도 있습니다. 락 가수가 노래를 부르면서 중간 중간에

"소리 질러, 소리 질러" 하며 큰 소리를 유도하기도 합니다. 투 스트락 쓰리 볼입니다. 주자는 1, 3루입니다. 투수가 와인 답합니다. 그러면 관중석에서 우 하며 소리를 지릅니다.

여러분은 어떤 때에 소리를 지릅니까? 저는 화가 나면 소리를 지릅니다. 좀 속이 시원한 것도 같은데, 꼭 그렇지만은 않은 것 같습니다. 어떤 때에는 소리를 지르면 더 화가 나기도 합니다. 별로 좋은 것 같지 않습니다. 그러고 보면 소리를 지르는 것은 어쩔 수 없을 때에 소리를 지르는 것이 가장 자연스러운 것 같습니다.

세례 요한이 목 잘려 죽고 예수님께서 오병이어로 5천 명을 먹이고 12 광주리 남겼을 때에 제자들은 너무나 신이 났습니다. 예수님은 무리를 흩어 보내시고 제자들은 건너편 가버나움으로 배를 타고 가게 하였습니다. 그리고 예수님은 기도하러 따로 산에 올라가 혼자 계셨습니다. 한 밤 중에 제자들이 탄 배가 풍랑을 만나 위기에 처하였습니다. 그 때에 예수님이 바다 위를 걸어서 제자들에게로 가셨습니다. 그 모습을 보고 제자들이 유령이라 무서워서 소리를 질렀습니다. 무서워서 소리를 지른 것입니다.

예수님께서 "내니 안심하라 두려워하지 말라."고 하실 때에 베드로가 대답합니다. "주여 만일 주님이시거든 나를 명하사 물 위로 오라 하소서" 합니다. 예수님이 오라 하시니 베드로가 물 위를 걸어 예수님에게로 갑니다. 그런데 갑자기 바람이 거세게 붑니다. 그러자 바람을 보고 무서워 빠져갑니다. 그 때에 "주여, 나를 구원하소서" 소리를 질렀습니다. 바람이 무서워서 소리를 지른 것입니다.

우리가 인생을 살다보면 이런 저런 두려운 일 무서운 일을 만나게 됩니다. 그 때 마다 소리를 지르지 않을 수 없는 것입니다. 그런데 잊지 말아야 할 것이 있습니다. 그 무서운 일 두려운 일 가운데서도 예수님이 우리와 함께 하신다는 사실입니다. 무서운 일 두려운 일을 만나거든 소리를 질러 예수님을 찾으시길 바랍니다. 우리와 항상 함께 하시는 예수님이 반드시 구원하여 주시는 것입니다.

예수님의 공생애 마지막 주간은 두 맹인의 소리 질러로 시작하여 예수께서 다시 크게 소리 지름으로 끝이 납니다. 아주 긴박한 한 주간입니다. 예수님께서 여리고를 떠나 예루살렘으로 올라가는 발걸음을 막 옮길 때입니다. 이 때 맹인 두 사람이 길가에 앉았다가 예수께서 지나가신다 함을 듣고 소리를 지릅니다. "주여, 우리를 불쌍히 여기소서. 다윗의 자손이여" 소리를 지릅니다. 무리가 잠잠하라고 꾸짖습니다. 그러니 더욱 소리 지릅니다. "주여 우리를 불쌍히 여기소서. 다윗의 자손이여" 소리를 크게 지릅니다.

여기서 중요한 것은 다윗의 자손이라고 부르는 것입니다. 다윗의 자손은 왕입니다. 예수님은 하나님의 아들이요 만왕의 왕이요 하늘과 땅의 주인으로 예루살렘 성에 들어가는 것입니다. 두 맹인은 눈은 감았지만 그들은 예수님이 누구신지 분명히 알았습니다.

하나님의 아들요, 만왕의 왕이요, 하늘과 땅의 주로 알고, 소리를 지르는 것입니다.

예수님을 분명히 알고 지르는 소리, 이 소리에 예수님은 발걸음을 멈추었습니다. 그리고 "너희가 원하는 것이 무엇이냐?" 묻습니다. "주여, 우리 눈 뜨기를 원하나이다." 그 즉시 눈을 만져 보게 하셨습니다. 그러나 그들은 바로 예수님을 따랐습니다. 함께 예루살렘으로 올라가는 것입니다.

여러분, 내가 예수님을 바로 알고 소리를 지르면 예수님이 멈추어 나를 주목하십니다. 인자한 눈길로 나를 보십니다. 나의 소원을 알고 이루어 주시려는 마음으로 나를 보시는 것입니다. 멈추어 서서 나를 보시는 나의 소원을 이루어주시길 원하시는 주님과 눈을 마주치시길 바랍니다. 그리고 주님을 따라 주님과 함께 인생 길을 걸어가시길 바랍니다.

마침내 예수님이 예루살렘 성에 이르렀을 때에 다윗의 자손 왕으로 나귀 새끼를 타고 예루살렘 성을 들어갑니다. 그 때에 많은 무리들이 앞서 가고 뒤를 따르면서 겉옷을 펴고 나뭇가지를 베어 깔고 길을 열었습니다.

무리가 소리 높여 이릅니다. "호산나 다윗의 자손이여 찬송하리로다. 주의 이름으로 오시는 이여 가장 높은 곳에서 호산나" 하며 함성을 질렀습니다. 호산나가 무슨 뜻입니까? 주여 이제 구원하소서. 로마의 압제 하에서 구원하여 달라는 것입니다.

무리가 얼마나 크게 소리를 질렀는지 온 성이 떠나갈 정도였습니다. 이렇게 예수님은 무리의 환호 속에 예루살렘 성에 입성하신 것입니다. 이들이 예수님을 바로 알고 호산나 소리 질렀다면 4일 후에 십자가에 못 박지 않았을 것입니다.

무리의 함성에 적지 않게 놀란 이들은 당시 지도층인 바리새인들과 서기관들이었습니다. 대제사장들과 장로들이었습니다. 이들이 이미 예수님을 어떻게 하면 죽일 수 있을까? 온갖 수단과 방법을 다 동원하여 예수님을 죽이려고 하였습니다. 결국 가룟 유다는 은 삼십에 예수님을 대제사장들과 장로들에게 팔아넘기고 그들은 총독 빌라도에게 결박하여 넘겨주었습니다.

빌라도가 무리들에게 “내가 그리스도라 하는 예수를 어떻게 하랴” 묻습니다. “그들이 다 이르되 십자가에 못박아야 하겠나이다.” 한 목소리로 대답합니다. 빌라도가 “어찜이냐 무슨 악한 일을 하였느냐?” 하자 그들이 더욱 소리를 지릅니다. “십자가에 못박혀야 하겠나이다.” 더욱 크게 소리를 지릅니다. 빌라도는 아무 성과도 없이 도리어 민란이 나려는 것을 보고 자기 군병들에게 예수를 넘겨줍니다. 그리하여 결국 온갖 모욕과 희롱을 당하시고 십자가를 지고 골고다를 올라 결국 십자가에 못 박히는 것입니다.

4일 전에 "호산나 다윗의 자손이여 우리를 구원하소서." 소리 지르던 무리들이 돌변하여 "십자가에 못 박으소서" 더욱 크게 소리를 지르는 것입니다. 여러분 이것이 바로 이 세상 사람들입니다. 우리는 이 세상 사람들을 바로 알아야 합니다. 우리가 예수님을 바로 알면, 이 세상도 바로 알 수 있습니다. 우리가 하나님을 바로 알면, 이 세상을 바로 볼 수 있습니다. 하나님을 바로 아는 지식이 이 세상을 바로 살아갈 수 있는 지혜로 이어지는 것입니다. 이 세상 사람들이 진리인양 지르는 소리에 현혹되지 마시길 바랍니다.

제 육시로부터 온 땅에 어둠이 임하여 제 구시까지 계속되었습니다. 제 구시쯤에 예수께서 크게 소리를 지르십니다. 이제 예수님이 소리를 지르시는 것입니다. 구원의 절규입니다. "엘리 엘리 라마 사박다니 나의 하나님 나의 하나님 어찌하여 나를 버리셨나이까!" 십자가의 절규입니다. 구원의 절규입니다.

이 소리를 하나님 아버지께서 들으셨습니다. 예수님께서 다시 크게 소리를 지르셨습니다. "테텔레스타이, 다 이루었다. 다 이루었다" 소리를 지르시고 영혼이 떠나가셨습니다. 이에 성소의 휘장이 위로부터 아래까지 찢어졌습니다. 땅이 진동하고 바위가 터졌습니다. 무덤들이 열리고 자던 성도들이 많이 일어났습니다. 예수님의 부활 후에 거룩한 성에 들어가 많은 사람에게 보였습니다.

"엘리 엘리 라마사박다니. 테텔레스타이" 주님이 지른 큰 소리로 인하여 구원의 새로운 장이 열렸습니다. 하늘과 땅이 열렸습니다. 인간 재창조의 역사가 열린 것입니다. 주님의 지른 소리로 천국의 문이 활짝 열린 것입니다. 이 소리로 우리가 구원의 시은소로 들어가게 된 것입니다. 할렐루야!

여러분, 예수님을 잘못 알고 소리를 지르면 그 소리로 인하여 죽습니다. 그러나 예수님을 바로 알고 소리를 지르면 그 소리로 인하여 우리가 영원히 사는 것입니다. 영원히 사는 복음의 소리를 지르시길 바랍니다. 이 세상 소리에 굴복하지 마시길 바랍니다. 더욱 소리를 높여 복음의 소리를 높이시길 바랍니다. 예수님의 이름으로 축복합니다.

—2020년 2월 23일 주일, 대구 신천지발 코로나 1차 유행이 확산될 즈음 설교문

부록

곰팡이가 핀 건빵

친구 모친 빈소에서—주수일

비전 2020-2021 새생명한인교회

곰팡이가 핀 건빵

정성환

먹을 것이 풍부한 이곳 캘리포니아에서 건빵하면 있으면 먹고 없어도 찾지 않는 것이 보통입니다. 유기농 식품을 찾고 건강을 챙기기 시작한 이래로 건빵도 보리건빵 현미건빵 심지어 홍삼건빵이니 다이어트 식품으로 개발되어 맛도 좋고 먹을 만합니다. 그러나 제가 어릴 때 건빵은 엄지손가락만 하게 크고 넓적하고 밋밋한 밀가루 건빵뿐이었습니다. 지금 생각하면 별 맛이 없었지만 먹을 것이 흔하지 않던 시절 건빵은 없어서 못 먹었습니다. 누런 봉투의 커다란 건빵 한 봉지 들고 밖에 나가면 동네 친구들을 한 줄로 세우고 한 알씩 한 알씩 나누어 주며 유세를 부릴 수 있었습니다.

초등학교 때에 군에 다녀온 삼촌이 건빵으로 요리를 해 주는 데 정말이지 맛있게 먹었습니다. 냄비에 물을 조금 넣고 발을 대고 건빵을 위에 올려놓습니다. 김이 나면 그 위에 설탕을 살살 뿌립니다. 그리고 떡을 찌듯이 폭 찌면 달면서도 몰랑몰랑한 것이 꼭 작은 케이크 같이 맛이 있었습니다. 튀겨서 먹어도 맛있습니다. 프라이팬에 기름을 두르고 건빵을 얹고 설탕을 살살 뿌려서 튀기면 바싹바싹한 쿠키와 같은 맛을 즐길 수 있었습니다.

건빵하면 떠오르는 잊을 수 없는 6.25때 이야기가 하나 있습니다. '곰팡이가 핀 건빵'입니다. 전쟁이 터지고 6개월 후 1951년 1월 엄동설한에 강원도 한 산골 벽촌 중학교에 어린 학생들이 모여들기 시작했습니다. 적게는 16살에서 스물 갓 넘은 결혼한 학생까지 중학교 1학년에서 4학년까지 120여명의 중학생들이 교복을 입고 나라를 구하려고 나선 것입니다. 한 선생님의 인솔로 경북 춘양에서 기초군사 훈련을 받고 바로 전쟁터에 투입되니 이들은 영월 간성 김화 양구 등지를 두루 헤매며 전투에 참여했습니다. 크고 작은 전공을 여러 번 세웠습니다. 가장 큰 전공은 중공군에게 포위된 국군 3사단을 구출한 것입니다. 그러나 6.25전쟁 중에 이들 중 18명이나 전사했습니다. 그들 전사자 중에 한 나이든 학도병의 이야깁니다.

한창 때에 어린 학생들이 완전 군장을 하고 자기 키보다 큰 M1 소총을 들고 행군을 하니 얼마나 힘들었겠습니까? 6.25전쟁 중에 겨울 추위는 왜 그리 추웠는지 여름에 더위는 왜 그렇게 더웠는지 모릅니다. 얼마 안 되는 주먹밥은 겨우 허기를 면할 정도였습니다. 그러다가 간혹 미군용 건빵이 간식으로 나오면 순식간에 먹어치

우기 일쑤였습니다. 그러나 한 나이든 학도병은 한두 알 입에 넣곤 먹지 않았습니다. 슬그머니 싸서 배낭에다 넣곤 했습니다.

왜냐하면 가난한 고향집에는 먹지 못하여 굶주리는 동생들이 줄줄이 있었기 때문입니다. "전쟁이 끝나면 빨리 집에 돌아가 이 건빵을 동생들에게 주어야지." 맛있게 건빵을 먹을 동생들을 눈에 그리며 한알 두알 모은 것입니다. 굶주린 배를 움켜 잡고도 계속해서 건빵을 모았습니다.

중공군이 개입하고 강원도 중부 전선엔 밀고 밀리는 치열한 전투가 계속되었습니다. 그러던 어느 날 그날도 전투가 아주 심했습니다. 불행하게도 그 날 하루에 3명이나 전사자가 나왔습니다. 그 중에 한 명은 안타깝게도 동생들을 주려고 건빵을 모으던 나이든 학도병이었습니다. 시신을 수습해 가매장하고 동료들은 울면서 애국가를 부르고 울부짖으며 교가를 불렀습니다.

모두 다 퉁퉁 부은 눈으로 전사한 그 동료의 배낭을 열어 보았습니다. 배낭 안에서는 식기도구와 옷가지와 함께 더러는 곰팡이가 핀 건빵들이 주르륵 흘러 나왔습니다. 동료들은 그 건빵을 움켜지고 다시금 목 놓아 울었습니다. "살아서 동생들에게 갖다 주지?" "

네가 이렇게 죽으면 이 건빵은 누가 네 동생들에게 갖다 준단 말이냐!" 어린 학도병들은 흩어진 건빵을 보고 울고 또 울었습니다.

전쟁이 끝나고 친구 학도병들 몇 명이 전사한 학도병의 고향집에 들렀습니다. 늙으신 부모님에게 유품을 전해주고 마지막까지 장렬하게 전사한 아들의 이야기를 들려주었습니다. 오열하는 부모님을 어떻게 위로해야 할지 몰랐습니다. 친구를 타향천리에 묻고 살아 돌아온 학도병들은 죄인이 된 기분이었습니다. 살아 돌아온 것이 부끄러울 따름이었습니다.

미리 싸온 건빵 한 보따리를 어린 동생들에게 주었습니다. 그들은 그 건빵에 무슨 의미가 있는지도 모르고 아주 신나고 맛있게 먹었습니다. 건빵 한 보따리에 마냥 즐거워하는 어린 동생들을 보며 살아 돌아온 친구 학도병들은 흐르는 눈물을 주체할 수 없었습니다. 오래 두어도 곰팡이가 잘 피지 않는 건빵인데 곰팡이가 피도록 먹지 않고 모아두었던 그 건빵은 비록 나이든 학도병의 무덤 앞에 묻혔지만 그 건빵을 한알 두알 모으던 그 학도병의 마음은 그의 동생들과 그 후손들의 마음 속에 지금도 살아 있습니다. 삼천리 반도 금수강산에 사는 우리 대한의 백성들 아니 태평양을 건너온 우리 코리안 아메리칸들 마음속에도 아름답게 피어나고 있는 것입니다.

태백중학교 학도병으로 6.25 전쟁에 참전한 지금은 고인이 되신 존경하는 아버지로부터 들은 이야기를 아들이 씁니다.

—2011년 LA중앙일보 주최

친구 모친 빈소에서

주수일

오늘이 보름인가 밤하늘에
검버섯 피어있는 달이 훤하다.
세상이 헤어짐으로 죽어가는 길목을
못내 아쉬운 듯 지키고서…

한 번 찾아뵙겠습니다!
끝내 지키지도 못한 헛된 인사가
그토록 죄스러웠음에도,
검은 리본 두른 영정 속에서
반가운 미소로 맞아주시는
어머니!

늘 한결같이 웃음지며
따뜻한 밥 지어 먹이시고

어서 오거라
또 오너라
어루만지시던 그 모습이
이제
한 줌 재가 되어
작은 단지에서 주무시겠다니…

고난의 세월
지치고 고단한 한 삶이시여
이제는 편히 쉬소서!

마지막 가시는 발길조차
지키지 못하고 돌아서면서
잘 보내드리라는 말도 제대로 못하는 친구 녀석 눈동자 속에
세월을 거슬러
어머니 웃는 모습을 보고
참았던 응어리가 터져나와
두 줄 완장이 울먹거린다.

너무 슬퍼하지 말게나,

우리 이제 곧 뒤쫓아 가리...
그 때,
아쉬웠던 이야기들
다시 이어가리...

차가운 섣달의 보름녘을 지키는
달빛은 여전히 곱기만 하다!

댓글1 **김준동** 가슴에 와닿아 펴간다. 고맙다. 내 마음을 대변해줘서....

댓글2 **정성환** 곰곰히 생각해보니 이미 읽은 시인데 오늘 읽으니 눈가에 이슬이 맺히구나! 수일아! 우리는 야구로 말하면 5회 초를 뛰고 있다! 6회에 내려올지 7,8회 아니 9회 말 끝내기 안타를 칠지 모르는 것이 인생! 모르기에 인생은 살만 한 것이 아닌가 생각한다. 평안해라! 건강해라!

—나의 어머니, 한월수 권사님의 빈소에서 '나의 시인'친구 주수일이 2012년 1월 11일 쓴 시입니다.

비전 2020-2021 새.생.명.한.인.교.회.

마태복음 4:17

"바이러스는 누구나 감염될 수 있지만 바이러스에 대응하는 것은 평등하지 않다"고 한 뉴스에서 한 기자가 말했습니다. 그렇습니다. 누구나 코로나19에 감염될 수 있습니다. 그런데 어떤 이는 증상도 없이 그냥 지나가는가 하면 어떤 이 너무나 고통스러워 숨쉬기도 어려워 산소마스크를 쓰지 않으면 안 됩니다. 오늘도 이 미국 땅에서 1분당 한 사람이 사투를 벌이다가 죽어가고 있습니다. 천하보다 귀한 생명들이 오늘도 추풍낙엽처럼 떨어지고 있습니다.

새생명한인교회, 오늘은 새생명한인교회가 이 세상에서 어떤 교회가 되어야 하는지 비전을 나누고자 합니다. 비전이란 그릇과 같은 것입니다. 우리가 어떤 그릇을 준비하느냐에 따라 하나님께서 이루어 나가실 것입니다. 올해도 우리 하나님은 우리를 앞서 인도하시며 이 자리에까지 이르게 하셨습니다.

새- 새로운 사명, 우리의 새로운 사명은 영혼구원입니다. 예수님을 믿기 전 여러분의 인생 목표는 무엇이었습니까? 저는 중학교 2학년 때 예수님을 믿기 시작하여 목사가 되어 지금에까지 이르고 있습니다. 그러니까 제가 예수 믿기 전 초등학교 5학년 때일 것입니다. 그 때 저희 집 뒤는 돌산이어서 크고 작은 돌이 아주 많았습니다. 가끔 혼자 놀 때면 그 돌무더기에서 혼자 돌로 탑도 쌓고 성도 쌓고 집도 만들면서 이런 생각을 하였습니다. 나중에 크면 좋은 집을 짓고 식구들 모두 함께 살아야지 그런 꿈을 꾸었습니다.

그런데 예수님을 믿고 꿈이 바뀌었습니다. 사도행전 16장 31절입니다. "주 예수를 믿으라 그리하면 너와 네 집이 구원을 얻으리라." 내가 예수를 믿어 구원 받아 천국가게 되었는데 이미 이 세상 사람이 아닌 아버지와 할아버지는 어떻게 할 수 없지만 어머니 형 누나 동생은 예수님을 믿게 해야지 이것이 나의 꿈이요 기도 제목이었습니다. 이 꿈을 하나님께서 이루어주셨습니다. 여러분 우리 모두는 예수님을 믿고 새로운 사명이 생겼는데 그것은 영혼구원입니다. 가족구원 친구구원 친척구원 이웃구원 영혼 구원의 사명을 이루시길 바랍니다.

생– 생명을 사랑하는 것입니다. 마태복음 16장 26절입니다. "사람이 만일 온 천하를 얻고도 제 목숨을 잃으면 무엇이 유익하리요 사람이 무엇을 주고도 제 목숨과 바꾸겠느냐" 예수님께서는 천하보다 귀한 것이 사람의 생명이라고 하였습니다. 이 세상에 생명보다 귀한 것은 없습니다. 요한복음 1장 4절입니다. "그 안에 생명이 있었으니 그 생명의 사람들의 빛이라." 예수 안에 생명이 있습니다. 그 생명은 사람들의 빛입니다. 이 빛이 사람의 생명을 영생으로 인도하는 것입니다.

그렇습니다. 이 세상의 모든 것은 예수님으로부터 나와서 예수님으로 말미암고 결국 예수님에게로 돌아갑니다. 요한계시록 22장 13절입니다. "나는 알파와 오메가요 처음과 마지막이요 시작과 마침이라." 어린 헌이가 암송한 구절입니다.

나에게 생명을 주신 주님께 속하여 나의 생명을 사랑해야 합니다. 나의 생명을 사랑하는 것이 무엇입니까? 요한일서 5장 11,12절입니다. "또 증거는 이것이 하나님이 우리에게 영생을 주신 것과 이 생명이 그의 아들 안에 있는 그것이니라 아들이 있는 자에게는 생명이 있고 하나님의 아들이 없는 자에게는 생명이 없느니라."

하나님의 아들 안에서 여러분 생명을 사랑하시길 바랍니다. 이 사랑을 알고 믿는 사람은 다른 사람의 생명을 사랑합니다. 주님께서 목숨 바쳐 사랑한 사람입니다. 아가페 사랑입니다. 주님의 사랑으로 사랑하는 것입니다. 사랑하는 사람만 사랑하면 그것은 하나님의 사랑이 아닙니다. 세상 사람들도 그렇게 하는 것입니다. 무조건적으로 사랑하는 것입니다. 무조건적으로 사랑하는 하는 것이 내 마음대로 사랑하는 것은 아닙니다. 나의 방식으로 사랑하는 것이 아니라 주님의 방식으로 사랑하는 것입니다.

동물과 식물 심지어 눈에 보이지 않는 생명까지 사랑하는 것입니다. 사실 눈에 보이지 않는 생명체 플랑크톤 같은 것들이 어류를 먹이 그것을 동물이 먹고 동물이 사는 것입니다. 사실 이 세상에는 생명으로 충만합니다. 그런데 생명을 죽이는 코비드19 같은 악성 바이러스들이 나타나 태어나서 처음 펜데믹을 겪고 있는 것입니다.

야생동물들이 살 수 있는 터전이 20세기 초반만 해도 95%나 되였습니다. 그러나 지금 21세기 초에는 5%만 남았습니다. 그러니 야생동물들 사이에 옮기는 바이러스가 인간에게까지 옮겨오는 것입니다. 사람을 비롯하여 모든 동식물의 생명을 사랑하는 것이 우리의 사명입니다.

명– 명령 곧 예수님의 지상명령을 수행하는 것입니다. 우리의 가장 큰 사명은 예수님의 지상명령을 수행하는 것입니다. 이것에 대해서는 의문의 여지가 없는 것입니다. 이 땅에서 마지막으로 남긴 말씀입니다. 마태복음 28장 18-20절입니다. "예수께서 나아와 말씀하여 이르시되 하늘과 땅의 모든 권세를 내게 주셨으니 그러므로 너희는 가서 모든 민족을 제자로 삼아 아버지와 아들과 성령의 이름으로 세례를 베풀고 내가 너희에게 분부한 모든 것을 지키게 하라 볼지어다. 내가 세상 끝날 까지 너희와 함상 함께 있으리라 하시니라."

그렇습니다. 승천하신 주님께서 보혜사 성령을 우리에게 보내 주신 것은 우리가 주님의 지상 명령을 수행하길 원하시는 것입니다. 보십시오. 주님이 항상 우리와 함께 하십니다. 주님의 진정한 제자가 되어 또 다른 사람을 제자를 삼는 여러분이 되시길 바랍니다.

한– 한인과 미국인 모두 함께 건강한 교회를 세우는 것입니다. 우리 교회는 한국인만의 교회가 아닙니다. 물론 한국인들이 시작한 교회입니다. 그러나 우리는 미국에 있습니다. 라이브옥침례교회의 도움이 없이 우리 교회의 오늘은 없었을 것입니다. 라이브옥교회를 비롯하여 주위의 한인들 미국인들 수많은 사람들의 염원으로 오늘날 우리 교회가 있는 것입니다.

그러기에 우리는 한국인과 미국인이 더불어 함께 신앙 생활하는 교회가 되어가고 있습니다. 하나님께서 앞서 가시며 우리 교회를 어떻게 인도하실는지 기대가 됩니다. 우리는 그저 열린 마음으로 넓은 마음으로 하나님의 은혜를 담기만 하면 되는 것입니다.

인– 인사를 잘 하는 것입니다. 인사는 한자 사람 인에 일 사 자를 씁니다. 즉 사람이 해야 하는 일이 바로 인사입니다. 어떤 분야에서든 인사만 잘 하면 성공할 수 있습니다.

그러나 무엇보다 중요한 인사는 하나님께 인사를 잘 하는 것입니다. 하나님에게 인사를 하는 것이 무엇입니까? 예배입니다. 요한복음 4장 23-24절입니다. "하나님께 참되게 예배하는 자들은 영과 진리로 예배할 때가 오나니 곧 이 때라 아버지께서는 자기에게 이렇게 예배하는 자들을 찾으시느니라. 하나님은 영이 시니 예배하는 자가 영광 진리로 예배할지니라." 이 마지막 때에 하나님께서 참되게 예배하는 자들을 찾으십니다. 우리는 오직 영과 진리로 예배하면 되는 것입니다.

제가 예배에 안 나오시는 분들에게 물어보면 나름대로 다 이유가 있습니다. 가장 큰 이유는 사람 때문입니다. 아무개가 그 교회에 있어서 못 나온다는 것입니다. 혹은 목사의 설교가 시원치 않아서 못나온다는 것입니다. 사람 때문입니다. 그 다음 큰 이유는 일 때문입니다. 돈 버는 일 때문입니다. 그러니 결국 교회에 못나오는 이유가 무엇입니까? 사람 인 일 사 인사 때문에 교회에 못나오는 것입니다. 인사 때문에 하나님께 인사를 못하는 것입니다. 예배를 못드리는 것입니다. 예배는 오직 믿음으로 하나님을 바라보며 영과 진리로 예배하는 것입니다. 사람을 제쳐놓고 하나님께 예배해야 합니다. 일을 제쳐놓고 영과 진리로 얘배해야 합니다.

하나님 앞에 인사 잘하는 사람, 예배를 잘 드리는 사람이 되시길 바랍니다. 예배를 잘 드리는 사람은 인사를 잘 합니다. 예배를 제대로 드리는 사람이 결국 사람에게 인사도 제대로 하는 것을 봅니다. 예배를 제대로 드리는 사람이 결국 일도 제대로 하는 것을 봅니다. 하나님에게 예배를 잘 드려 한국 사람이든 미국 사람이든 인사를 잘 하는 성도들이 되시길 예수님의 이름으로 축복합니다.

교- 교회를 사랑하는 것입니다. 임직식이 끝나고 신 철 장로님께서 저에게 목사님 교회 열쇄를 하나 만들어 주세요 하는 것입니다. 그래서 교회 열쇄뿐만 아니라 창고 열쇄도 만들어 드렸습니다. 감사했습니다.

교회를 사랑하는 것이 무엇입니까? 교회는 건물만 의미하는 것이 아닙니다. 교회는 성도입니다. 사람입니다. 성도를 사랑하는 것입니다. 무엇보다도 하나님을 사랑하는 것입니다. 마태복음 22장 37-40절입니다. "예수께서 이르시되 네 마음을 다하고 목숨을 다하고 뜻을 다 하여 주 너의 하나님을 사랑하라 하셨으니 이것이 크고 첫째 되는 계명이요 둘째는 그와 같이니 네 이웃을 네 자신 같이 사랑하라 하셨으니 이 두 계명이 온 율법과 선지자의 강령이니라."

교회 사랑은 하나님 사랑입니다. 교회 사랑은 성도 곧 사람 사랑입니다. 요한일서 4장 20절입니다. 누구든지 하나님을 사랑하노라 하고 그 형제를 미워하면 이는 거짓말하는 자니 보는 바 그 형제를 사랑하지 아니하는 자는 보지 못하는 바 하나님을 사랑할 수 없느니라."

보는 바 형제자매를 사랑하는 것이 하나님을 사랑하는 것이요 보이지 않는 하나님을 사랑하는 것은 곧 형제자매를 사랑하는 것입니다. 요한일서 3장 18절입니다. 자녀들아 우리가 말과 혀로만 사랑하지 말고 행함과 진실함으로 하자. 행함과 진실함으로 서로 사랑하시길 예수님의 이름으로 축복합니다.

회- 회개하는 것입니다. 날마다 회개하는 것입니다. 마태복음 4

장 17절입니다. “이 때부터 비로소 전파하여 이르시되 회개하라 천국이 가까웠느니라 하시더라.” 우리가 믿음을 갖는 시발점이 회개입니다. 그리고 천국을 가는 과정도 회개입니다. 하나님 나라는 회개하면서 가는 나라입니다. 그러므로 열심을 내시길 바랍니다. 회개하시길 바랍니다.

비전 2021년 새생명한인교회

새—새로운 사명, 우리의 새로운 사명은 영혼구원입니다.

생—생명을 사랑하는 것입니다.

명—명령 곧 예수님의 지상명령을 수행하는 것입니다.

한—한인과 미국인 모두 함께 건강한 교회를 세우는 것입니다.

인—인사를 잘 하는 것입니다.

교—교회를 사랑하는 것입니다.

회—회개하는 것입니다.

—2020년 11월 27일 주일

에필로그

4월 들어 미국도 젊은 학생들을 중심으로 변이 바이러스가 확산되면서 하루에 육 칠 만 명의 확진자가 나오고 있습니다. 한국도 4월 7일 이후 하루 확신자가 육 칠 백 명을 육박하고 있습니다. 이러다가 제 4차 유행으로 번지는 것이 아닌가 하는 우려가 나오고 있습니다. 미국이나 한국 모두 집단 면역 형성을 올해 말로 잡고 있지만 전문가들의 분석에 의하면 2022년 여름은 되어야 집단 면역이 형성될 것이라고 합니다. 코로나19에서 놓이려면 아직도 갈 길이 멉니다.

그렇다고 우리의 신앙이나 삶이 위축되어서는 아니 될 것입니다. 코로나19 중에서 성경을 쓰면서 이 환란을 이겨나가고 있는 것은 저 개인에게나 가정이나 저희 새생명한인교회에게는 앞서 가며 인도하시는 하나님께서 주신 축복입니다. 이것이 KAPC 동남부노회를 통하여 미국 동남부지역, Alabama, Georgia, Florida, N Carolina, S. Carolina, Tennessee으로 확산되고 있습니다. 앞으로 KAPC 미주한인예수교 장로회 교육부를 통하여 미국 전역으로, 그리고 조국 대한민국으로, 아니 열방으로 번져나가길 소원하는 것입니다.

한국에서 코로나19가 3차로 대유행을 할 때에 한 TV 뉴스에서 노인분들이 하루 일과를 어떻게 보내시는지 인터뷰와 함께 한 뉴스가 나온 적이 있습니다. 하루 종일 집에 갇혀서 바깥 출입을 하지 못하시는 한 분 할머니의 식탁 위에 성경과 성경을 쓰고 있는 노트가 열려 있는 것을 보았습니다. 성경을 쓰는 저로서는 적지 않은 감동을 받았습니다. 저희뿐만 아니라 눈에 보이지 않은 많은 분들이 코로나 19 아니 고단한 인생을 이기려고 성경을 쓰고 있구나 생각하니 가슴이 뭉클하였습니다.

지난 주에 출애굽기를 쓰면서 성경의 가장 아름다운 장면 중에 하나를 만났습니다. 바로나 그의 신하들과 별반 다를 것이 없는 고집이 센, 목이 곧은 이스라엘 자손들이 금송아지 우상을 섬기다가 광야에서 멸망당할 뻔하였지만. 모세의 간절한 간구로 위기를 넘기고, 여호와 하나님의 말씀대로 몸에서 장식품, 아마도 이 장식품은 애굽의 우상을 손목에 매고 귀에 달고 하던 장식품일 것인데, 이것들을 떼어내고, 성막을 짓기를 완수하고 모세의 축복을 받는 장면입니다.

출애굽기 39장 42,43절 새번역입니다. "이스라엘 자손은 주님께서 모세에게 명하신 모든 것을 그대로 하여 일을 완수하였다. 모세가 그 모든 일을 점검하여 보니 그들이 주님께서 명령하신 그대로 하였으므로 그들에게 복을 빌어 주었다." 이처럼 여호와 하나님의 말씀대로 그대로 이루어지는 것을 보니 너무 아름다운 것입니다. 우리의 인생이 이런 성경 인생이 되길 원하는 것입니다. 성경을 쓰는 이유는 성경 말씀대로 살려고 쓰는 것이지요. 우리는 여전히 이스라엘 자손과 같이 고집이 세고 목이 뻣뻣한 자들이지만 성경을 쓰면서 하나님의 성품을 닮아가고, 하나님의 마음을 깨달아서 그 사랑과 진실로 살고자 하는 것입니다.

매일 성경을 쓴다는 것은 결코 쉬운 일은 아닙니다. 한 두 시간 성경을 쓰면서 집중하다가 보면 몸이 경직되고 허리가 뻣뻣하여 지고 일어나 걷기가 힘들 때에도 있습니다. 그러나 밖에 나가 풀을 뽑고 햇빛을 쬐고 신선한 공기를 마시며 동네 한 바퀴 걷고 오면 금방 회복됩니다.

제 아내는 2019년 이래로 신약을 3번 구약을 2번 썼습니다. 올해도 연대기로 신구약 1번 신약 1번을 목표로 쓰고 있습니다. 얼마 전 허리에 병이 생겨 병원에 다녀왔습니다. 그렇지만 계속 성경쓰기에 진력하고 있습니다.

성경을 쓰시는 분들은 아시지만 몸은 좀 피곤하지만 영혼은 참 평안을 누리는 것입니다. 미물만도 못한 인간이 자비하시고 은혜로우시며 노하기를 더디 하시고 인자와 진실이 많은 하나님을 붓끝에서 만나는 것이기에 그저 감사하고 은혜와 진리 안에 거하며 참 평안을 누리게 되는 것입니다.

"목사님, 글 첫 부분을 읽어보니 성령의 은혜가 넘칩니다."하던 이상묵 목사님, 동역자 류 석 목사님 두 분 모두 축복해주고, 기도해주셔서 감사합니다. 화성교회 친구 김희승 목사, 이한규 집사, 한두희 집사, 양일수 장로, 기도하고, 진심으로 축하하고, 이모티콘으로 응원해 줘서 감사하네.

"책 잘 되야 할 터인데" 응원해준 동생 재환에게 감사하고, 제수씨 오영 두 분 다 교회 집사되고 권사되길 바라네. 진로를 고민하는 창윤에게 길이 열리고, 제대하는 석윤이 대학 잘 마치고 앞길이 열리길 축복한다.

종인 형님, 노년의 삶이 복되시고 교회 집사되시고, 혜윤이 수윤이 자신이 좋아하는 일하고, 좋은 사람 만나 행복한 가정이루길 축복한다.

누나 규은권사님 늘 건강하시고, 손용선 매형 행복하시고 교회 집사되시고, 조카 주혜 집사, 조카사위 송다한 집사 서로 사랑하고 행복한 가정 이루니 보기 좋네. 이룬이, 드림이 하나님의 뜻을 이루며, 하나님 앞에 드림이 되는 인생이 되길 축복하네. 고운이 책 출간에 신경 써 줘서 고맙고, 늘 건강하고 하는 일에 열매가 있길 축복한다. 주성이 앞길이 열리고 대박나는 인생이 되길 축복한다.

날 업어 키우신 팔순이 되신 연자고모, 건강하시고 교회 다니시오. 날 씻겨 키우신 연숙이 고모 고맙고 사랑합니다. 남은 여생 행복하시길 축복합니다.

용환 형님, 무병장수하시고 교회 출석하시고, 김경자 집사님, 건강하시고 권사님 되시길 축복합니다. 송이 집사님 이준우 집사님, 국가대표 공무원 되고, 기도하는 제목이루길 축복한다. 재웅이, 이은정 부부 결혼 축하하고 하는 일마다 잘되고, 아들딸 낳고, 교회 나가길 축복한다.

은순, 윤석훈 처형님 두 분 모두 건강하시고, 교회 출석하시고, 자녀손들 위해 소원하는 것 다 이루시길 축복합니다. 해주, 한 서방 계속 하는 일이 잘 되고, 교회 나가고, 다슬이 다빈 하는 일에 대표되고, 좋은 사람 만나길 축복한다. 영호 중년의 인생이 행복하고, 하는 일마다 대박 나고, 채린이 현식이 모두 자신의 꿈을 이루고 행복하길 축복한다. 해린, 한 서방 늘 승승장구하고, 원준이 산하 하는 일에 일가를 이루고 교회 나가길 축복한다. 해승 집사님 때마다 일마다 주 안에서 평안하길 바라고 행복하고 민수 형근 정원이 모두 건강하고 지혜롭게 자라 꿈을 이루길 축복한다.

금순, 김형식 처형님 두 분 모두 건강하시고, 독일에서 하는 일이 정의롭고 복되시고, 자녀손들을 위해 소원하는 것 다 이루시고, 교회 출석하시길 축복합니다. 수진 얀 부부 좋은 일하며 잘 사니 좋고 수미 태호 쌍둥이 건강하고 지혜롭게 자라 꿈을 이루길 축복한다. 수현 헤닝 부부 복스럽게 잘 사니 좋고 준 인호 건강하고 지혜롭게 자라 꿈을 이루길 축복한다.

이 모든 축복과 기도 제목이 2011년 천국으로 이민가신 범사에 감사하시며 늘 기도하시던 천사 같으신 김양님 권사님의 소원이 아닌가 하여 부족한 목사 사위가 대신 축복합니다.

하와이 가시면서 찬조금을 주신 곽경숙 집사님, 이 책을 출간하는데 도움이 되었습니다. 감사합니다. 그곳에서 신앙생활 잘 하시길 바랍니다. 이 책을 출간하는데 기도하여 주신 에쎈에쓰미디어의 성통렬 선교사님, 편집과 교정하신 이수민 부장님과 송두례 국장님 그리고 박인영 디자인 팀장님, 마무리 작업하시고 편집 담당하신 이유진 디자이너님 모든 직원들에게 감사 또 감사드립니다.

KAPC 동남부노회 주최 성경쓰기대회를 후원하여 주시는 그린스보로한인장로교회(한일철 목사님), 로뎀 카페(최진묵 목사님), 멤피스연합장로교회(서선영 목사님), 헌스빌영락장로교회(노사현 목사님), 새생명한인교회, GA 롬 KOMAN(오적묵 장로님), FL 크레스트뷰 아리랑식당(성희&제니퍼 김 대표님), FL 포월톤 Fantastic Sams Cut&Color(매니저 백현희 권사님), MS A-OK CLEANERS(서기팔 장로님)... 성경쓰기대회 포스터를 만들어주신 김경민A 목사님에게 감사드립니다.

하늘의 하나님께 감사드립니다. …고조부 정치은 할아버지(1837~1911), 증조부 정진필 할아버지(1885~1952), 조부 정연준 할아버지(1908~1972), 정동관 아버지(1932~1973), 한월수 어머니(1935~2012), 김양님 권사님 (19011~2011) 하늘에 계신 조부모님들, 부모님, 장모님께 감사드립니다. 새생명한인교회 오세월 권사님을 비롯하여 예진에 이르기까지 모든 교우님들에게 진심으로 감사드립니다. 그리고 이 땅에 살고 있는 저를 아는 모든 분들, 앞으로 알게 될 모든 분들에게 감사드립니다. 말씀인생, 예수인생, 성경

인생을 사시는 복된 인생이 되시길 축복합니다. 샬롬 샬롬!!

P. S

일을 하시다가 무릎 관절을 다쳐 수술하시고 한 달 동안 움직이지 못하시고 집에 계신 이길자 집사님에게 전화가 왔습니다. "목사님 엑스레이 찍었는데 잘 안 나와서 씨티를 찍어야 할 것 같아요. 다음 주에 수술을 다시 할지 안 할지 봐야한데요. 목사님, 성경 쓰기가 없었다면 이 고통을 이렇게 이기내기 힘들었을 것이예요. 목사님께서 기도하고 계신 것이 느껴져요." 작년에 신약성경을 다 쓰시고 올해 들어 모세오경을 다 쓰시고, 지금 욥기를 쓰고 계신 집사님이 움직이지도 못하는 고통 중에서 하신 말씀입니다. 그 명랑한 전화 목소리가 마치 사막의 시원한 우물과 같이 들렸습니다.

저는 올해 4월 들어 레위기를 쓰고 있습니다. 레위기 14장에 나병과 같은 악성 피부병에 걸렸다가 나은 사람에게 제사장이 속건제물의 피를 오른쪽 귓불과 오른손 엄지와 오른발 엄지에 발라 속죄하고, 그리고 다시 기름을 오른쪽 귓불과 오른손 엄지와 오른발 엄지에 이미 발라 놓은 피 위에 덧 발라 정결하게 합니다. 그리고 나머지 기름은 그 사람의 머리에 발라 주는 모습이 나옵니다. 이것은 무엇을 의미하는 것일까요? 제 생각으로는 병이 낫고 죄 속함 받았으니 이제는 성령의 기름부음을 받아 날마다 새롭고 건강하게 기쁘게 살라는 의미로 여겨졌습니다. 그렇습니다. 우리의 귀가 죄사함 받아 성령의 기름부음을 받아야 합니다. 그리하여 들을 것은 듣고 듣지 말아야 할 것은 듣지 말아야 하는 것입니다. 우리의 손이 죄사함 받고 성령의 기름부음을 받아야 합니다. 그래서 해야 할 일은 하고 하지 말아야 할 일은 하지 말아야 하는 것입니다. 우리의 발도 죄사람 받고 성령의 기름부음을 받아야 합니다. 그리하여 가야 할 곳은 가고 가지 말아야 할 것은 가지 말아야 하는 것입니다. 죄 많은 우리의 인간의 힘과 지혜와 능력으로는 힘든 일입니다.

그러나 예수 그리스도의 대속의 피가 발라지고, 그 위에 보혜사 성령의 기름이 부어지면 우리가 죄사함 받고, 정결하게 되어 날마다 새롭게 되고, 기쁘고, 건강하게 살아가게 되는 것입니다. 우리의 귀가, 손이, 발이 죄사함 받고, 위에 성령의 기름이 덧 부어지길 축복합니다. 그리하여 날마다 새롭게 되고, 선한 일을 하며, 감사하고, 기쁘게 살아가는 성경 인생이 되시길 축복합니다.

요즈음 날마다 성경을 쓰는 것이 설레임으로 다가옵니다. 현재 성경을 쓰고 계신 분들과 앞으로 성경을 쓰게 될 모든 분들을 축복합니다. 사랑합니다. 감사합니다. 샬롬 샬롬!!

미주한인예수교장로회
동남부노회와 함께하는

성경쓰기 대회

주의 말씀이 내 발의 등이요.

코로나로 인한 모든 어려움을
성경과 함께 이겨내고자
성경을 필사합니다.

성경필사 범위: 신약성경 (또는 신약성경 분량의 구약성경)

기 간: 2021년 12월 12일(주일)까지

대 상: 동남부 지역(Alabama, Gerogia, Florida, N.Carolina, S.Carolina.Tennessee) 에 거주하는 모든 분

제출처: 아틀란타 카페 로뎀(3585 Peachtree Industrial Blvd. #128. Duluth. GA 30096)
직접 방문접수 또는 우편접수 (이름,성별,나이,연락처,출석교회 기입 요망)

시상식: 2022년 1월 중, 카페 로뎀에서.
1등(1명): 금 두돈, 2등(2명): 금 한돈, 3등(3명) 금 반돈, 장려상(10명): 상품권

참여방법: 신약성경(또는 같은 분량의 구약성경)을 매일 필사합니다.
노트에 날짜를 기입합니다.
노트는 시중에서 판매하는 어느 노트를 사용하셔도 됩니다.
성경을 필사하시며 받으신 은혜를 Letter 1장 분량에 적어 함께 제출하시기 바랍니다. 타이핑한 것은 받지 않습니다.
성경 번역본은 한국어든 영어든 자신이 선호하는 번역본으로 쓰시면 됩니다.

후원: 그린스보로한인장로교회(한일철 목사), 로뎀 카페(최진묵 목사),
멤피스 연합장로교회(서선영 목사), 새생명한인교회(정성환 목사),
GA 롬 KOMAN(오적묵 장로), FL 크레스트뷰 아리랑식당(성희&제니퍼김 대표),
MS 헤르난도 A-OK Cleaners(서기팔 장로), 헌스빌영락장로교회(노사현 목사님),
FL 포월톤 Fantastic Sams Cut&Color(매니저 백현희 권사님)

문의 담당: 김경민 목사: 678-360-2051/chriskim0302@gmail.com
노회장: 정성환 목사(213-703-9961/chjohn11@naver.com)
서기: 신정호 목사(770-825-1133/shinjh0701@gmail.com)

미주한인예수교장로회
동남부노회
KAPC Southeastern Presbytery

성경인생 앞서 가시며 인도하시는 하나님

인 쇄 일 | 2021년 5월 1일
발 행 일 | 2021년 5월 10일
지 은 이 | 정성환 목사
펴 낸 이 | 성통렬
디 자 인 | 이유진
펴 낸 곳 | (주) 에쎈에스미디어
주　　소 | 서울 종로구 인사동 대일빌딩 10층
전　　화 | 02-736-6590
팩　　스 | 02-736-6591
출판등록 | 2003. 10. 11 (제 300-2003-182)

ISBN 978-89-91876-39-2
값 15,000원